明日からの授業実践
学習指導要領の新項目
算数的活動29

編著 坪田耕三
筑波大学教授

はじめに

　新しい学習指導要領が告示され，その移行措置の2年間が始まりました。
　子どもの手には，教科書にプラスされる内容を扱った別刷りの教科書「補助教材」が配付されています。国も子どもには内容の確実な理解をさせたいと考えての措置なのだと思います。
　新しい学習指導要領の最大の特徴は「算数的活動」を重視したところでしょう。
　何といっても目標の出だしの言葉が「算数的活動を通して，…」となっているのです。しかも，4つの内容領域（A 数と計算，B 量と測定，C 図形，D 数量関係）に肩を並べて，新たに「算数的活動」という項目が設定されました。各学年にそれぞれ5項目ずつ（6年のみ4項目）の29事例が載っています。現場の授業者には，その授業方法を強く示唆するものになっています。なかでも5年には「エ　三角形の三つの角の大きさの和が180°になることを帰納的に考え，説明する活動。四角形の四つの角の大きさの和が360°になることを演繹的に考え，説明する活動」という項目があります。「帰納的に考える」「演繹的に考える」ということは，非常にすぐれた算数の考えです。このことをどう実現していくかは，現場の授業者が考えなければなりません。
　このようなことが強調される裏側には何があるのでしょう。
　小学校学習指導要領解説・算数編を見ると，「算数的活動の楽しさや数理的な処理のよさに気付く」という教科の目標の文言の解説部分に，国際的な調査などを通して「算数の指導においては，児童が算数は楽しい，算数は面白い，算数は素晴らしいと感じることができるような授業をつくりだしていくことが大きな課題である。」と述べられています。
　そのためには「算数を日常の事象と結び付ける活動」，「ものづくりをするなどの作業的な活動」，「実際の数や量の大きさを確かめたりするなどの体験的な活動」，「九九表に潜むきまりを発見するなどの探究的な活動」，「解決した問題からの新しい問題づくりなどの発展的な活動」等々を通して，子どもが活動の楽しさに気付くことが重要である旨が述べられてもいます。
　要するに，子どもが「算数が好きだ」と言えるように，日々の授業を工夫していかなければならないということです。子どもの話によく耳をすまして聴くこと。子ども自らが発見し，驚き，感動するように仕向けること。これらは全部教師の役目です。しかも，子どもにとって，そこに教師の姿が消えてなくなるくらい夢中になれるものであれば，それは「教える」ということの極意を感じさせるものになります。
　本書では，この29の「算数的活動」の事例に対する具体的な授業を想定して，それを分かりやすく紹介してみました。ぜひとも教室での授業に役立てていただきたいと考えます。
　これからの日本には希望に満ちた若い教師が続々と登場します。本書がそのような前向きな教師の授業研究の役に立てればこれにすぐる喜びはありません。

2009年　夏

　　　　　　　　　　　　　　　　　　　　　　　　　　　　監修　坪田　耕三

明日からの授業実践
学習指導要領の 新 項目 **算数的活動29**

CONTENTS ◎目次

はじめに	2

第1章	新学習指導要領で算数はどう変わるか	5
第2章	「算数的活動」はなぜ必要なのか	13
第3章	「算数的活動」のある授業はどのようなものか	21
第4章	各学年の「算数的活動」のある授業実践	27

1年
- ア 12この おはじきを ならべたら ── 【たし算①】 ── 28
- イ じょうずに けいさんしよう ── 【たし算②】 ── 32
- ウ どうしたら くらべられるかな ── 【水のかさ】 ── 36
- エ へんしん さんかく ── 【かたちづくり】 ── 40
- オ エレベーターには なんにん？ ── 【3つの数の計算】 ── 44

2年
- ア 身の まわりの 数字を さがそう ── 【数の意味や表し方】 ── 48
- イ 九九表パズルを かんせいさせよう ── 【かけ算九九表】 ── 54
- ウ 「ちょうど1m」を さがせ ── 【長さ(m, cm, mm)】 ── 58
- エ 大きさの ちがう 正方形は ── 【正方形・長方形・直角三角形】 ── 62
- オ どんな 計算に なるかな ── 【たし算とひき算】 ── 66

3年
- ア この計算，まちがっているよ ── 【大きな数のたし算】 ── 70
- イ どっちが大きいの？ ── 【小数と分数】 ── 74
- ウ いろいろな単位 ── 【「長さ」「体積」「重さ」の単位の関係】 ── 78
- エ 二等辺三角形はどうやってかくの？ ── 【二等辺三角形と正三角形の作図】 ── 82
- オ 図書館のポスターを作ろう ── 【表とグラフ】 ── 86

4年
- ア およその数で見積もろう ── 【計算の見積もり】 ── 92
- イ 面積を求めよう ── 【複合図形の面積】 ── 96
- ウ 大きなつくえはどっち？ ── 【面積】 ── 100
- エ あれっ，何か見えてきたぞ！ ── 【四角形の敷き詰め】 ── 104
- オ きまりを見付ければ分かるよ ── 【伴って変わる2つの数量の関係】 ── 108

5年
- ア 小数をかけてもいいの？ ── 【小数をかける意味と答えの求め方】 ── 112
- イ 三角形の面積を求めよう ── 【図形の面積】 ── 116
- ウ 三角形を写し取ろう ── 【合同な図形】 ── 122
- エ 四角形の内角の和は何度かな？ ── 【図形の性質】 ── 126
- オ 分かりやすく情報を伝えよう ── 【円グラフ，帯グラフの活用】 ── 130

6年
- ア ぼうの重さを求めよう ── 【分数のかけ算】 ── 136
- イ おやっ見たことない単位が書いてある ── 【メートル法の単位の仕組み】 ── 140
- ウ この形，同じかな？　違うかな？ ── 【拡大図と縮図】 ── 144
- エ 「数えなくてもわかっちゃう」って本当？ ── 【比例】 ── 148

新学習指導要領で算数はどう変わるか

1. 新しい状況

　新しい学習指導要領の「算数」は、ひとことで言えば、以前の内容が戻ってきたといった印象である。

　だが、この10年間に団塊世代の多くの教師が退き、その間に新たに教師になった若い人にとっては、これらの内容が新鮮に感じられ、ずいぶん多くの内容が新しく入ってきたものだとか、これまでの内容が下の学年に下ろされて大丈夫だろうか、と感じるかもしれない。以前から教壇に立っていたベテラン教師にとっては、「合同」や「拡大図・縮図」などの内容がまた戻ってきたか、といった思いかもしれない。

　現場教師にとっては、時計の振り子が右にいったり左にいったりするかのごとくに内容が揺れ動く状況を見て、国家百年の計には教育内容の配置というものに確固たる信念のないことが一抹の不安ともなっている。

　また、世の中の動向では「教員免許更新制度」の実施が始まり、教師になったらそのままのうのうと仕事をこなしていればよいという状況ではなくなっている。

　常に自ら学ぶ姿勢を持って、新しい内容を咀嚼して、よい授業を実践していかなければならないといったことが背負わされる時代になってくるのである。

2. なぜ教師は学び続けるのか

　教師は学び続けなければならない。

　それはなぜか。次の3つの理由がある。

　第一には、教師は絶えず成長を続ける子どもに寄り添う存在でなければならないからである。生き生きとした豊かな子どもの心に波長を合わせた授業をするために、教師も日々成長し、新たになるために学ぶのである。

　第二には、社会の動きの速さに対応するためである。変化する社会が教育にどのような意味を持つのか、それを見極めるためには、自らの枠組みを持たなければならない。それをつくるために学ぶのである。

　そして第三には、「学び」観の変化に対応するためである。旧来の「学び」は、知識や技能の量が問われるものであった。だから教師は伝達技術がうまければよかった。しかし、今や自ら学び、問い続ける力が要求される時代だ。そのような「学び」観に対応する授業ができるために、教師は学ばなければならないのである。

　今やインプット能力よりもアウトプット能力が評価される時代になっているのである。子どもには貪欲に知識を求め、創り、それを世界に発信していく力が期待されているのである。それを支援するために教師は学び続ける必要がある。このことの意識がまずもって大事なのである。

3．新学習指導要領の特徴

　中央教育審議会の答申によれば，新学習指導要領の根本的な方針は，これまでもこれからも変わりはないということである。

　要するに，算数の授業は「考えることの教育」に重点を置くという戦後一貫した考え方に大きな変化はないということになろう。

　目標の文言に注目すれば，その初めに「**算数的活動を通して**」と発している。直接的にこの言葉が目に入ってくる。相当の強調点である。後述するが，この「算数的活動」については，領域に肩を並べてその例示がなされた。これは大きな特徴である。

　そして，「**表現する能力**」，また「**活用しようとする態度**」という文言が新たに位置付いた。国際調査の結果から日本の弱点であると指摘されている「表現力」，「活用力」をなんとか挽回しようとする意図が読み取れる。

　さらに「算数的活動」の他，現行の学習指導要領の特徴でもある「計算の仕方を考えること」，「数・量・形への感覚を豊かにすること」，「考えることの楽しさ」の重視は，新学習指導要領でも強調されていると読める。

　これまでになかった「**低学年における数量関係**」の領域設定も大きな特徴だ。また，図形領域における充実，「**平面図形と立体図形をバランスよく配置**」したことも評価できる。

　これらのことについて細部にわたって考察すれば，新学習指導要領には，算数学習に子どもの興味・関心を惹き付けるものがたくさんあることに気付く。現場の教師は，これらを十分吟味して工夫した授業を展開したいものである。

　以下，新学習指導要領の特徴的な事項について述べる。

（1）算数的活動について

　領域に並んで「算数的活動」の項目が設定された。各学年の活動例がそれぞれ5項目ずつ示された（6年のみ4項目）。

　このことについては，小学校学習指導要領解説・算数編に「例えば，具体物を用いて数量や図形についての意味を理解する活動，知識・技能を実際の場面で活用する活動，問題解決の方法を考え説明する活動など，算数的活動を具体的に示していくようにする。」（小学校学習指導要領解説・算数編p.6）とあり，①意味を理解する活動，②活用する活動，③説明する活動の3つに整理されている。

　これは考えようによっては，授業の方法を示しているのだから，大きな影響があるとも考えられる。算数の授業が「これこれを覚えなさい」といった伝達型の授業を脱して，子どもが自らつくり上げる授業に変わってくるのであれば，これにこしたことはない。

　特に，5年の「（1）-エ」に示された次の例は特徴的だ。

　「三角形の三つの角の大きさの和が180°になることを**帰納的**に考え，説明する活動。四角形の四つの角の大きさの和が360°になることを**演繹的**に考え，説明する活動」（小学校学習指

導要領解説・算数編p.158)

　いくつかの三角形を自らかいたり，あるいはかかれたいくつかの三角形を調べたりして，そこに共通する「三角形の内角の和」は，どうやら180°になるだろうというきまりを発見する。これが帰納的に考えることの例である。「帰納的に考える」とは，個々の具体的事実から一般的に言えそうなきまりを導き出そうと考えることを言うものである。

　そして，今度は類推的に考えて「四角形ではどうだろう」と考えが発展したときに，三角形と同様にいくつもの四角形をかいたり調べたりするという方法ではなく，三角形で分かったことを使って「筋道立てて説明する」という方法をとりたい。

　すなわち，三角形の内角の和が180°ならば，四角形では対角線を1本引けば，必ず三角形2個に分けられるから，180°×2＝360°ということが説明できる。

　この「なぜ」の説明こそが，「演繹的に考える」ことの例となる。誰もが共通して納得していることを使って，筋道立てて説明できる力を育てようとするのである。前提を認めるならば，そこから導ける結論もまた必然的に認めざるを得ないことになる。

　これは5年の例として載せられているものであるが，算数の学習の中には始終登場する活動である。新学習指導要領で「帰納的な考え」や「演繹的な考え」というものを強調したことは，「考える力」の育成についての具体を示したという点でたいへんに素晴らしいことでもある。

　他の算数的活動例も，その語尾に着目すれば，「表す活動」，「比べる活動」，「見付ける活動」，「見当を付ける活動」，「測定する活動」，「説明する活動」，「作図する活動」，「調べる活動」，「作る活動」等々，実際の授業に役立つ方法の示唆に富む。

（2）計算の仕方について

　算数の学習では，昔も今も，計算についての内容が非常に多い。

　古いタイプの教師には，計算の方法は洗練されたものを先に教えて，あとは正しく速く正解を得るために，訓練あるのみといった考え方をしている者も多い。

　しかし，現在の世の中の状況を見れば，計算の答えは電卓やコンピュータを使えば非常なる速さで処理できるのである。こんな状況の中で大切にされるべきことは，「なぜ，そのように計算するのか」ということへの納得である。もちろんその後に，ある程度の計算の処理ができるようにするべきではあるが，これはその先にステップアップした新たな計算が控えているからに他ならない。

　例えば，6年が取り組む「分数÷分数」の計算がある。形式的なことを言えば，「わる数の分数をひっくり返してかければよい」と言えば，利口な子どもはこれを聞いて，あとは訓練あるのみとなる。しかし，いまや分数の計算も電卓が処理する。こうなると大事なことは「なぜ，わる数の分数をひっくり返してかけるのか」という疑問に答えられることである。このことを考えられる子どもにしようとするのが，授業の大きな目標にならなければならない。新学習指導要領に「計算の仕方を考える」とあるのは，このことの強調なのである。大事にしたいものだ。

（3）図形の内容について

これまでは，図形の内容がかなり削除されていた。

それが，新学習指導要領では戻ってきた。しかも，立体図形についても，なるべくどの学年でも扱えるようになっていることは評価できるだろう。

ちなみに，「立体図形」について拾い出してみると，1年では「ものの形」「位置」などにかかわること，2年では「箱の形」，3年では「球」，4年では「立方体・直方体」，直線や面の「平行・垂直」の関係や「ものの位置の表し方」，5年では「角柱・円柱」，6年では「量と測定」の領域で「角柱や円柱の体積」が扱われる。あまり一貫した思想の上に配列されたものとは見えないが，どの学年でも立体図形に触れるということはよいことであろう。できれば，平面図形で扱ったものと関連させて立体図形を考察するような取り扱いができれば好ましい。

（4）低学年の数量関係について

これまでは，1年，2年の中に「数量関係」の領域は設定されていなかった。せいぜい「数と計算」の領域の中で簡単に取り扱われるものであった。しかし，今回から，きちんと領域として設定されたからには，意図的，計画的に指導されることになる。

まず，「式」についての理解が強調されている。「式に表す」，「式を読む」という活動の重視だ。加減法や，乗法が用いられる場合の式表示，加減法相互の関係の式を用いた説明などが提示されている。

さらに，簡単な表やグラフの表示，読み取り等，統計的扱いも強調されている。低学年からの継続的指導が望まれることになる。

補足的に，この「数量関係」の領域の高学年の特徴も付け加えるならば，「比例」の扱いが5年から導入される。計算の学習で「小数をかける」計算などの前提に，この比例概念が生かされることになるだろう。また，6年では「度数分布」にかかわるグラフや，「起こりうる場合」なども扱うことになる。

（5）反復（スパイラル）による教育課程の編成

新学習指導要領では，内容を「のりしろ」のように重複して提示されるものができた。本格的に扱われる前の学年でも**素地的に扱って**，円滑に学習ができるようになっている。これも特徴的なことである。

例えば，「分数」の学習は3年で始まる内容となった。しかし，2年でも，折り紙を折るといった操作的活動を通して「$\frac{1}{2}$，$\frac{1}{4}$などの簡単な分数について知ること」という内容が入った。「など」とは，操作的な活動を考えれば「$\frac{1}{8}$」程度の分数を表すのであろう。

このような反復活動が随所に示されているので，このことからも指導の方法が示唆されているものと受け止められる。

なお，この反復（スパイラル）による活動については，新学習指導要領解説の随所に登場するが，その前後の文脈から，次のような授業改善が可能になると解釈することができる。

① 素地的な活動を行う。
② なだらかな発展が可能になる。
③ 内容の確実な定着ができる。
④ 学び直しの機会をつくれる。

（6）その他

　これらの他にも，目新しい内容や学年の移動があった内容にも注意しておきたい。
　低学年では，1年で，100を超えた簡単な3位数を扱う。また，簡単な2位数の加減計算を扱う。2年では，簡単な2位数の乗法（2位数×1位数）などを扱う。
　中学年では，3年で，小数・分数の意味とその表し方及び簡単な加減計算を扱う。4年では，整数の計算定着，同分母分数の加減計算などを扱う。
　高学年では，5年で，異分母分数の加減計算，図形の合同，素数，台形やひし形の面積，比例などを扱う。6年では，角柱・円柱の体積，拡大図・縮図，対称な図形，反比例，文字を用いた式，円の面積，度数分布などを扱う。また，逆数を用いて除法を乗法の計算としてみるなどの扱いにも触れられている。
　さらに「内容の取扱い」には，「道徳」の時間との関連を考慮した算数科の特質に応じた指導がうたわれている。そして，「電卓を適宜用いる」ことは，新学習指導要領では無くなったことの意味も考える必要があろう。

　このような内容の変化に伴い，新学習指導要領から見えてくることは，伝達型からの指導法の改善を前提に，その内容も充実させ，日本の子どもの算数の学力を一層豊かなものにしようとすることである。現場の教師に授業改善が期待されることは必至である。
　また，学習指導要領の改訂に沿いながら，国の全国学力・学習状況調査による「活用力」にかかわる問題が授業へ及ぼす影響も大きい。このこともしっかり受け止めておきたいものである。

新学習指導要領に見られる「算数的活動」例

	数と計算の活動	量と測定の活動	図形の活動	数量関係の活動
第1学年	・具体物をまとめて数える。 ・具体物を等分する。 ・整理して表す。 ・計算の意味，仕方を具体物，言葉，数，式，図を用いて表す。	・長さ，面積，体積を直接比べる。 ・他のものを用いて比べる。	・形を見付ける。 ・形を作る。 ・形を分解する。	・場面を式に表す。 ・式を具体的な場面に結び付ける。
第2学年	・整数が使われる場面を見付ける。 ・九九表を構成する。 ・九九表から計算のきまりを見付ける。	・長さや体積のおよその見当を付ける。 ・単位を用いて測定する。	・正方形，長方形，直角三角形をかく，作る。 ・平面を敷き詰める。	・加法と減法の相互関係を図や式に表し，説明する。
第3学年	・計算の仕方を説明する。 ・小数や分数の大きさを比べる。	・長さ，体積，重さについて単位の関係を調べる。	・二等辺三角形や正三角形を定規とコンパスで作図する。	・資料を分類整理する。 ・表を用いて表す。
第4学年	・計算の見積もりをし，計算の仕方や結果を適切に判断する。	・長方形を組み合わせた図形の面積の求め方を説明する。 ・身の回りのものの面積を実際に測定する。	・平行四辺形，ひし形，台形で平面を敷き詰める。 ・図形の性質を調べる。	・伴って変わる2つの数量を見付ける。 ・数量の関係を表やグラフに表す。 ・表やグラフを用いて調べる。
第5学年	・小数の計算の意味や計算の仕方を説明する。	・三角形，平行四辺形，ひし形，台形の面積の求め方を説明する。	・合同な図形をかく，作る。 ・三角形の内角の和が180°になることを帰納的に考え，説明する。 ・四角形の内角の和が360°になることを演繹的に考え，説明する。	・表やグラフを選ぶ，活用する。
第6学年	・分数の計算の意味や計算の仕方を説明する。	・量の単位を見付ける。 ・単位の関係を調べる。	・縮図，拡大図，対称な図形を見付ける。	・比例の関係にある2つの数量を見付ける。 ・比例の関係を用いて問題を解決する。

『算数的活動』は
なぜ必要なのか

1．考える力の育成

　日本の教育では，今までもこれからも「考える力」の育成に重点が置かれていることは明らかである。新学習指導要領もしかりである。
　このことに関わって，算数科の目標についての解説に注目すべきことが掲載された。「日常事象について見通しをもち筋道を立てて考え，表現する能力を育てる」という目標文言の解説が次のようになされている。
　「解決のための方法や結果についての見通しをもとうとするとき，問題の個々の要素や全体的な状況を観察したり，自ら試行や実験をしたりすることが役立つことが多い。また，幾つかの具体例を調べて共通性を見付けるという**帰納的な考え**や，類似の場面から推測するという**類推的な考え**を用いることもある。見通しをもつことは，問題の解決を適切にまた合理的に進めていく上で重要なものである。
　問題解決の方法や結果が正しいことをきちんと示すためには，筋道を立てて考えることが求められる。それは，根拠を明らかにしながら，一歩ずつ進めていくという考えである。ある前提を基に説明していくという**演繹的な考え**が代表的なものであるが，児童が算数を学習していく中では，帰納的な考えや類推的な考えもまた，根拠となる事柄を示すという点で，筋道を立てた考えの一つといえる。」（小学校学習指導要領解説・算数編p.20）
　ここに挙げられている3つの「考え」が大変特徴的である。
① 帰納的な考え
② 類推的な考え
③ 演繹的な考え
　このような言葉はだいぶ専門的に聞こえるが，これからの日本の子どもが身に付けるべき大切な考え方だと思う。このことについての詳細な解説は，小学校及び中学校の解説書に紹介されている。以下は中学校の解説書からの引用である。（中学校学習指導要領解説・数学編p.29）
　「**帰納**は，特別な場合についての観察，操作や実験などの活動に基づいて，それらを含んだより一般的な結果を導き出す推論である。」
　要するに，「きまりの発見」ということになる。いくつかの具体的な例に共通する一般的な事柄を見いだすことであるから，このような目を子どもに身に付けさせていくことは，創造性の素地を培う教育となるに違いない。
　「**類推**は，似たような条件のもとでは，似たような結果が成り立つであろうと考えて，新しい命題を予想する推論である。」
　これも平たく言えば，「似寄りの場からの予想」とでも言えよう。帰納的な考え方と同じように新たな発見を導く考え方である。考え方を飛躍させるきっかけをつくることになる。
　「**演繹**は，前提となる命題から論理の規則に従って必然的な結論を導き出す推論である。」
　これは「『なぜ』の説明」である。すでに正しいことが明らかになっている事柄を基にして，

別の新しい事柄を説明していくことである。人を説得する大事な方法にもなる。

　ここで1つ注意したいことは，帰納や類推によって導かれた事柄は必ずしも正しいとは限らないということだ。帰納や類推によって導かれた事柄がいつでも正しいかどうかは，演繹によって確かめられるということである。1つの反例があれば，推測は覆ってしまうということでもある。

　新学習指導要領で，このような思考の方法を特に強調したということから，人と人が話し合う場で必要となる，客観的に説明する力や話し合う力を育成することを重要視したということが分かる。これは，是非とも大切にしたい内容である。

2．具体

（1）「内角の和」の例

　小学校の事例として掲載されているのは，「三角形の内角の和」と「四角形の内角の和」の例である。

　三角形の内角の和が180°になることは，いろいろな三角形をたくさんかいてみて，それらの角を分度器を使って実際に測って調べてみる。すると，どうやら，どんな三角形でも180°になっているらしいと予想することができる。小学校の活動では，この後に，3つの角の部分を切り取って直線上におき，これを確かめてみる作業で納得することになる。これら一連の活動は，帰納的な活動と言えるものである。

　そして，次に「では，四角形についてはどうだろう」「三角形で成り立った内角の和が決まっているということは，四角形でも成り立つだろうか」ということになる。

　この場合に，三角形と同様にいくつもの四角形をかいて，分度器を使って測ってみるという活動はナンセンスだということだ。

　今度は「三角形で成り立ったことは，みんなが納得することだから，これを前提にして，論理的に説明しよう」となるべきだということである。

　四角形では，これを対角線で分けてみれば，三角形が2つになることは明らかだ。それならば，四角形の内角の和は，三角形の2つ分となる。このことを使って説明することができる。数式で表すならば，180°×2＝360°となり，これで十分な説明になる。これが演繹的な説明と言える。

　帰納や類推には，当然いろいろな発見が伴うので多様性が尊重されるが，この演繹的な説明においてもさまざまな説明の仕方があり，より洗練された説明が望まれることになる。考えようによっては，このときにも多様な創造性が発揮できる。

　ちなみに先の例で言えば，四角形の対角線などは使わずに，図形の内部に点を設定して，そこから各頂点に直線を引けば，三角形が4つできる。180°×4＝720°と計算し，内部にできた360°は余分な角度だと分かれば，720°－360°＝360°と説明できる。この方法は五角形や六角形にもすぐに使える洗練された説明になる。

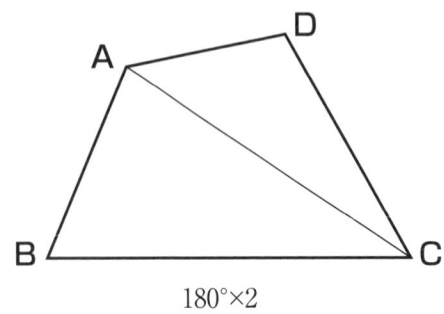
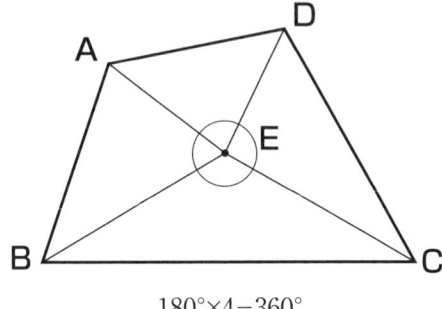

180°×2   180°×4−360°

(2) その他の例

　帰納的な考え・類推的な考え・演繹的な考えについては，この他にもいくつかの例が新学習指導要領解説・算数編の中に挙げられている。

　2年の「乗法九九」の学習から次のような例がある。

　「例えば，児童が3の段の乗法九九の構成を通して『かける数が1増えれば答えは3ずつ増える』ということを見付けることがある。このことについて，ほかの段の乗法九九でも同様なことが言えるのかを，乗法九九の表を構成したり，完成した乗法九九の表を観察したりして調べ，帰納的に考えて『乗数が1増えれば積は被乗数分だけ増える』という計算の性質を見付けることができる。また，児童が乗法九九の構成を通して『3×4』と『4×3』の答えが同じ12になることを見付ける場合がある。このことについても，幾つかの場合から帰納的に考えて『乗数と被乗数を交換しても積は同じになる』という計算の性質を見付けることができる。」（小学校学習指導要領解説・算数編p.76～p.77）

　また，5年の「円周率」の学習から次のような例がある。

　「直径の長さと円周の長さとの間に何か関係がありそうだと気付かせ，円周の長さは直径の長さの何倍になるかとの見通しを立てさせる。例えば，円に内接する正六角形と円に外接する正方形を利用すれば，円周の長さは直径の3倍（半径の6倍）より大きく，直径の4倍より小さいことを見いだすことができる。そして，実際に幾つかの円について，直径の長さと円周の長さを測定するなどして帰納的に考えることにより，どんな大きさの円についても，円周の直径に対する割合が一定であることを見いだすことができる。この円周の直径に対する割合のことを円周率という。」（小学校学習指導要領解説・算数編p.157～p.158）

　さらに，6年の「角柱及び円柱の体積」の学習から次のような例がある。

　「直方体や立方体では，高さを1cmに切った立体の体積をまず考えて，その体積を高さの分だけ倍にする考えを用いて体積の公式を導き出した。この考えを用いて，角柱や円柱の体積の求め方を考えることができる。

　また，直方体の体積を求める公式から類推して，角柱や円柱の体積を求める公式を導くことができる。まず次のように直方体での（縦）×（横）が（底面積）に当たるととらえる。

　　（直方体の体積）＝（縦）×（横）×（高さ）＝（底面積）×（高さ）

このことを基にして，一般化して角柱や円柱の体積を求める公式を

（角柱や円柱の体積）＝（底面積）×（高さ）

という形でまとめることについても理解できるようにする。」（小学校学習指導要領解説・算数編p.170）

3．授業の例から

具体的な別の授業例を考えてみよう。

身の回りにある「三角定規」を例とする。一般的には，2種類1組の三角定規があり，これらの三角形は特徴的な角度を持っている。

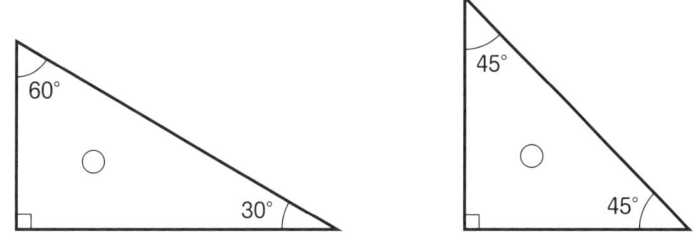

この角度を調べると。「30°，45°，60°，90°」の角がある。これを並べて書いてみると，「おやっ，15°ずつの差があるのでは…」と感じる。しかし，「60°と90°の間は30°の開きだから，ちょっとちがう」とも気付く。しかし，この間に，75°の角があれば，「15°ずつ増える」という「きまり」はなんだか正しく見える。工夫して作れないものかと考える。「2つの三角定規を組み合わせれば，なんとかなりそうだ」，「45°＋30°＝75°とすれば，組み合わせでできる」と発見することができる。

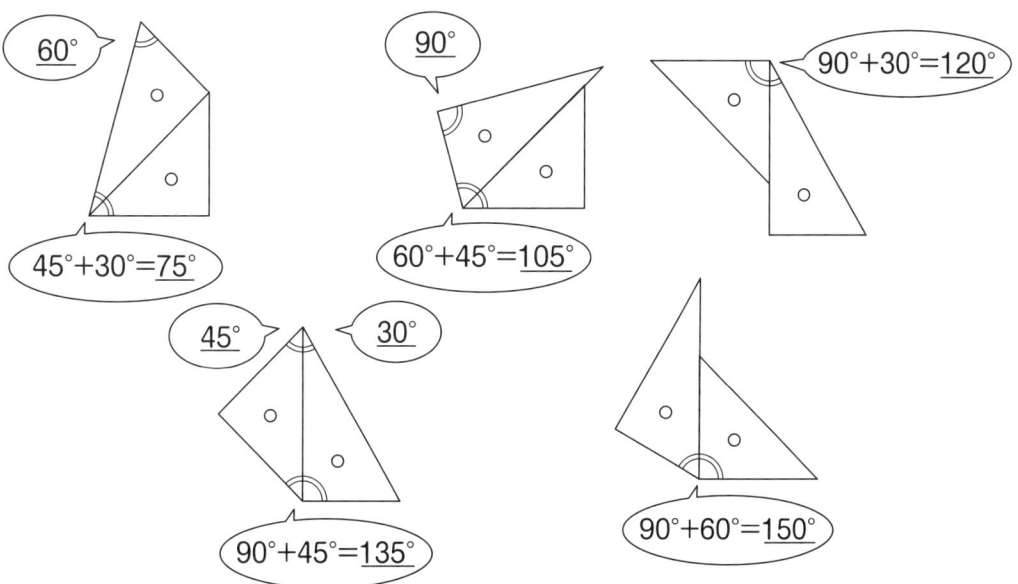

ここまで，ことが進めば，次々に15°ずつ増える角を構成していける。「105°，120°，135°，150°，165°，180°」ができそうだ。試行錯誤でなんとかこれらの角を作る。

例えば135°は「90°+45°」でできる。また，30°の手前に「15°」もほしい。そうでないと，「15°の倍数が全部できる」といった「きまり」にならない。なんとかしてこれを作ろうとする。そして，15°はひき算の発想で「45°−30°」で作れることに気付く。

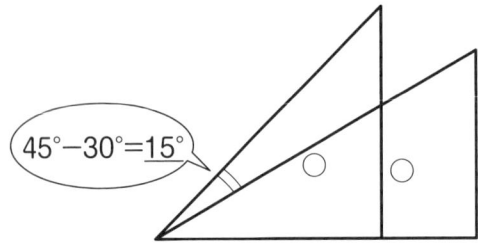

　しかし，どうしても「165°」だけはうまくいかない。
　これがうまくできないと，気持ちが悪い。まず，ノートにあらかじめ165°の角をかいておき，これに合わせるように三角定規で試行錯誤して作業をさせる。すると，なんとか次の図のように発見することができる。

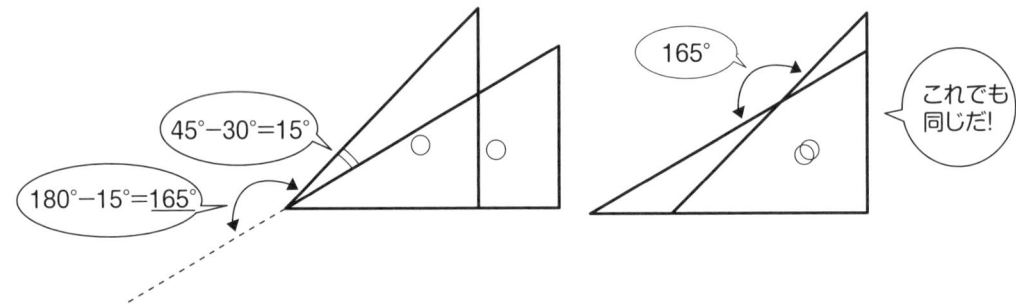

　だが，果たしてこれでよいのか。これが本当に165°であることは，しっかり説明しなければならない。論理的な説明，誰でも納得できる説明が必要になる。
　このことは「三角形の内角の和が180°になる」ことをみんなが納得しているならば，それを使ってなんとか説明することができる。
　下の図で，角Aが直線上の角であることから，180°−45°=135°と分かる。そして，角Bは三角形の内角の和を利用し，180°−(135°+30°)=15°と分かり，最後に，角Cが三角形の外角なので，180°−15°=165°となることが説明できる。

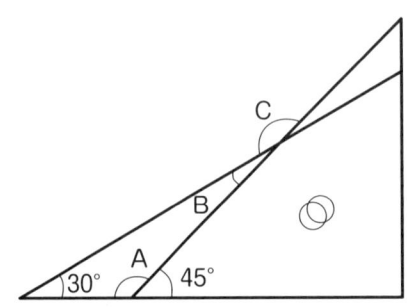

4．論理的説明の育成を

　このような，説明への態度が重要であって，ぜひとも子どもに身に付けさせたい説明の仕方なのである。いくつかの例から類推し，きまりを発見することは共通性の認識とも言える。

　その正しさをどのように納得するか，どのように他の者を説得するか。

　それには，誰でも納得していることを根拠に，筋道立てて説明することが必要になる。

　その態度を育てるのが「算数教育」である。学習の対象になるものは抽象的なものではあるが，この学習活動で身に付く態度は，社会の中で大いに使うことのできるものになるはずである。

『算数的活動』のある授業はどのようなものか

1．算数好きにする教育を

（1）「成績いいけど楽しくない」

　これは，平成20年12月10日に発表されたＩＥＡ（国際教育到達度評価学会）が進めている「TIMSS2007（国際数学・理科教育動向調査）」の結果について，各新聞が報じたもののうち「産経新聞」にあった小見出しである。

　「小中学生の理数系の成績は国際調査で5位以内と優秀だが，『勉強は楽しい』は最下位レベル」と報じている。日本の子どもはずいぶんアンバランスだな，と世界中の教育者は見るだろう。

　私は，この新聞にコメントを求められたので私見を述べたが，それは次のように記載されていた。

　算数・数学で「勉強が楽しいか」という問いに「強くそう思う」と回答したのは小4で34％で，36ヵ国・地域中32位。中2ではわずか9％で，48ヵ国・地域中46位と低迷した。「そう思う」を合わせた肯定的な回答は小4で7割に達するが，中2では4割にまで落ち込む。

　「数学を勉強すると日常生活に役立つ」に「そう思う」とした中2は71％（国際平均90％）で47位。それでも03年よりは8ポイント向上していた。

　算数・数学教育に詳しい筑波大の坪田耕三教授は，好成績とのギャップについて「日本の子供たちは公式の丸暗記より『なぜ』を大切にした面白い勉強があることに気付いているのに，授業が対応できていないことが『楽しくない』理由では」と推測。「ただ解説するだけでなく，子供とやりとりし，発見を生かす授業が必要だ」と話す。

（平成20年12月10日　産経新聞・朝刊／無断転載不可）

　このことについて，現場の教師は重要なことと受け止めるべきである。これからの日本の教育研究で目指すべきことを示唆している。

　ちなみに，新学習指導要領では，その目標に「算数的活動の楽しさや数理的な処理のよさに気付く」ことを挙げている。そして，このことの解説では次のように述べている。

　「この部分は，主として算数科における情意面にかかわる目標を述べている。例えば，ＩＥＡ（国際教育到達度評価学会）の比較調査ではこれまで，我が国では算数が好きであるという児童の割合が国際的に見ると低いとの結果が報告されており，そうした状況は現在でも改善されているとはいえない。算数の指導においては，児童が算数は楽しい，算数は面白い，算数は素晴らしいと感じることができるような授業をつくりだしていくことが大きな課題である。」（小学校学習指導要領解説・算数編p.21）

　ここに書かれていることが，先の新聞の「成績はよいけれど楽しくない」と言われた内容であり，いまだに続いていることは大きな問題である。今後，新学習指導要領の指摘で，授業

改善が進むことを望むのだが，これはただ内容の改善だけで済むものではない。

（2）「算数的活動」の楽しさ

このことの改善のために，先の引用文に続いて，5つの活動の具体を挙げている。

「目標の中での『算数的活動の楽しさ』に気付くという部分は，そうした課題に応えるためのものである。例えば，算数を日常の事象と結び付ける活動，ものづくりをするなどの作業的な活動，実際の数や量の大きさを確かめたりするなどの体験的な活動，九九表に潜むきまりを発見するなどの探究的な活動，解決した問題からの新しい問題づくりなどの発展的な活動等々を通して，児童が活動の楽しさに気付くことをねらいとしている。児童は本質的に活動性に富むものであり，活動を楽しむものであるともいわれている。そうした児童の本性に根ざす算数的活動を積極的に取り入れることによって，楽しい算数の授業を創造することが大切である。」（小学校学習指導要領解説・算数編p.21）

具体項目を抜き出すと次の5つだ。

① 日常事象へかかわる活動（関連的）
② ものづくりの活動（作業的）
③ 実際の数量確認の活動（体験的）
④ きまり発見の活動（探究的）
⑤ 問題づくりの活動（発展的）

私は，この中の「① 日常事象との関連」，「② ものづくり」，「③ 実際の体験」は，ハンズオンの活動としてとらえられるものであり，また「④ きまり発見」，「⑤ 問題づくり」などの授業は，オープンエンド・アプローチとしてとらえられるものであると考える。これらの活動は，子どもの算数観をひっくり返すような働きがあるので，このような授業を工夫して展開することが，授業には有効ではないかと考える。算数は「問題を解く」授業という固定観念が強く働いているから，それを覆すことが大事なのである。

2．立方体の展開図を使った授業例

「算数的活動」を意識した授業の中で，特に3つの「考え」（帰納的な考え・類推的な考え・演繹的な考え）を強調し，さらに「ハンズオンの活動」と「オープンエンド・アプローチ」を意識した授業の例を紹介する。

「立方体の展開図」を考える授業である。

一般的には，正方形の面をつなげることで展開図を作るという活動だ。しかし，ここでは逆に，作られた立方体の箱を解体するという活動から展開図を考えることにする。この場合にも，展開図は多様なものであることが納得できる。

工作用紙で作った模型の立方体の辺に，はさみを入れながら展開していけば，大勢いれば文殊の知恵で，あっという間に11通りの異なる展開図が登場する。回したり，裏返したりし

てぴったり重なる展開図は同じ(合同である)とみなす。

さらに，この場合に子どもの論理的思考を伸ばすよい学習場面がつくれる。

具体的授業場面を紹介しよう。

展開図を作るために「何か所の辺を切ったら開くか」という問いを持たせるのである。

子ども一人ひとりに工作用紙で作った5cm立方の立方体を持たせ，まずは予想をさせる。

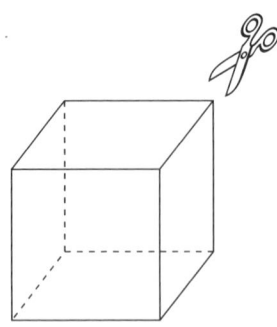

様々な予想が出る。

子どもはそれぞれに「3本だ」，「4本だ」，「5本だ」，「6本だ」，「7本だ」，「8本だ」と言う。「展開図によって違うのではないか」という考えも出てくる。

また，「3本ということは絶対にない。なぜなら，3本では上の蓋が開くだけだから」という反論も出る。これには，みな納得だ。

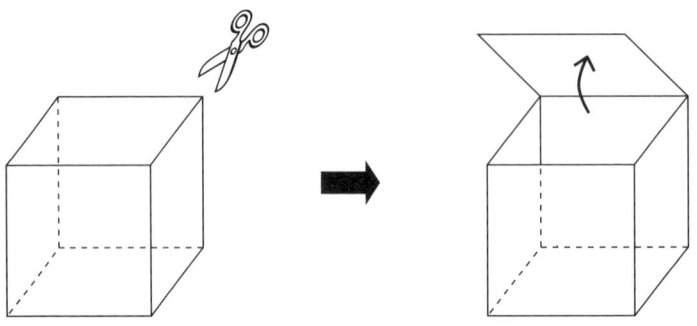

そこで，実際に作業してみる。

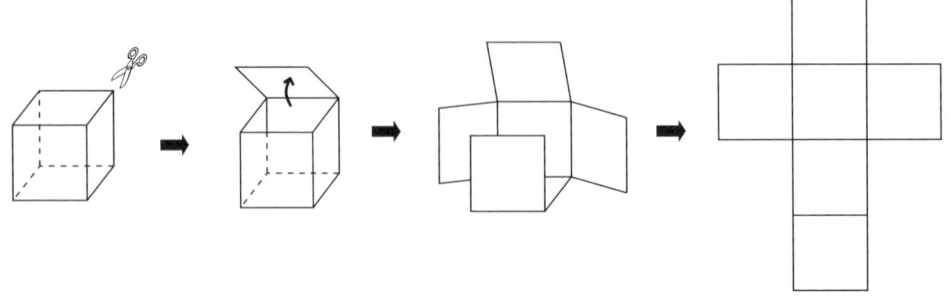

すると，いろいろな展開図が登場するが，どんな展開図になろうとも，みんな7本の辺を切れば開いてしまう。切る回数を考えることが目的ではあったが，あっという間に11種類の展開図も登場する。

子どもは，どうやら「7本の辺を切らなければならないようだ」と気付く。これは**帰納的な考え**によるきまりの発見といえる。そうなると，今度は「なぜ，7本の辺なのか」と考えたくなる。これを論理的に説明しなければならない。

　これを論理的に説明しないと，「もしかして6本の辺を切っても開けるかもしれない」ということにもなる。もしも，そんな**反例**が出てきてしまえば，「なぜ」を説明しようとしても意味がなくなる。

　また，「なぜ」がうまく説明できたようでも，反例が登場すれば，先の論理に間違いがあったということになる。

　授業の中では，多くの子どもが「なぜ，7回切ったら開くのだろう」と考える。みんなが納得していることを使って説明することは**演繹的な考え**と言える。

　理由としては，「元の立方体には12本の辺があったが，切った後もこの辺が生き残っているのはどの展開図でも5本。6枚の面をつないでいるからその間は5か所だ。だから，12－5＝7で，7か所切ったことになる」ということである。

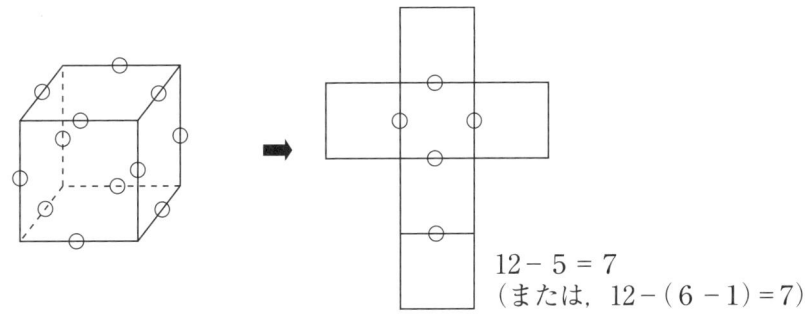

12－5＝7
（または，12－（6－1）＝7）

　また，別の理由では「展開図の周りには14本の辺があって，これは1か所切るごとに2本の辺になったのだから，14÷2＝7となる」というものもある。

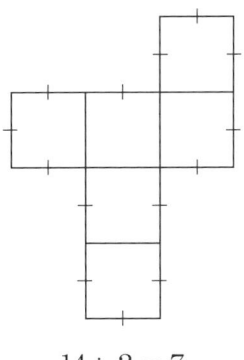

14÷2＝7

　かつて，周りの辺が14本になるのは，展開図を囲むように長方形をかけばよく分かると言った子どもがいた。その説明は，次の図のように展開図の辺を長方形の縦か横の辺に移動すれば，すべて長方形の周りになるので，この長方形の周りに重なる辺の数を数えればよいということであった。

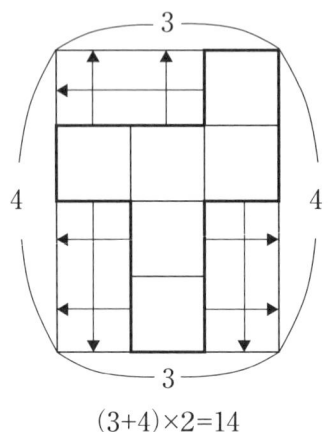

$(3+4)×2=14$

　この他にも7回切ることの理由は考えられる。展開図になったときの辺の数は19本、そして元の立方体では12本。だから、辺を切るたびに1本ずつ増えるので、19−12＝7で、7回切ったことが分かるというものである。

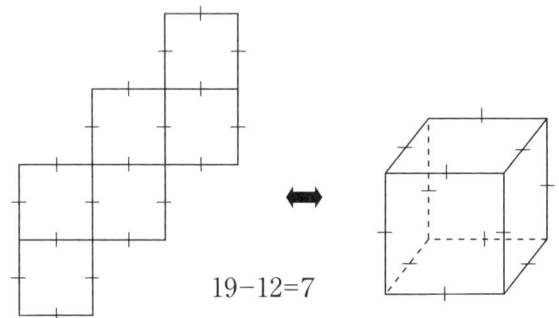

$19−12=7$

　これらは、どれも**演繹的な考え**と言える。
　小学校の段階では難しいこともあるが、これらのことをさらに類推的に考えるならば、正四面体や正八面体であったらどうなるのだろうと考えていける。正多面体は全部で5つあるが、これらは何本の辺を切ったら開くのか。いずれも（頂点の数−1）の辺を切れば開くことができるではないか。そして、これまたなぜなのだろうと考えていくことにもなる。
　こうして次々に考えを広げていくことが、算数の面白さなのである。

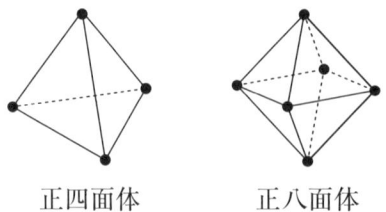

正四面体　　正八面体

　これからの授業では、こんな考え方が意識されて、しっかりと説明のできる子どもを育てていきたいものである。
　このことをあえて例示したのは、新学習指導要領で強調されている3つの考えに関わることだからである。

第4章

各学年の『算数的活動』のある授業実践

1年

12この おはじきを ならべたら

たし算①

（筑波大学教授　坪田耕三）

◎算数的活動　ア（数と計算）
具体物をまとめて数えたり等分したりし，それを整理して表す活動

▶ 内容とねらい

1つの数を多面的に見ること。及び，具体物を並べた状況を式で表現できること。

12この　おはじきを　きれいに　ならべよう！

❶ おはじき12個をきれいに並べる。

おはじきを12個，机の上に出してみましょう。

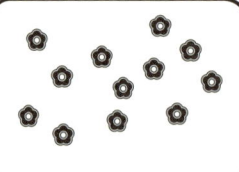

12個のおはじきをきれいに並べてみましょう。

Aさん
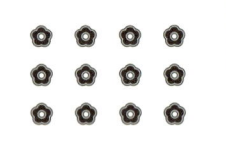

Bさん

Cさん

Dさん

準備
・おはじき12個
・ノート

ポイント
　12個のおはじきをきれいに並べてみようという意欲を持たせる。
「きれいに並べる」という言葉の意味がそれぞれ異なるかもしれないので，そのときは例示する。
例えば10個の場合

例示してから，12個のおはじきで自由に並べさせる。

▶ **この活動の流れ（1時間扱い）**
❶ おはじき12個をきれいに並べる。（10分）
❷ 並べ方を式に表す。（10分）
❸ 他の並べ方も式で表す。（15分）
❹ 式だけで並べ方を考える。（10分）

❷ 並べ方を式に表す。

　Aさんの並べ方を見てみましょう。

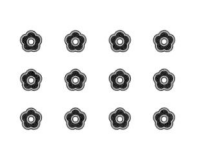

4つずつきれいに並んでいるね。

えっ、3つずつ並んでいるよ。

　2人はどうやって見ているのでしょう。

4つずつっていうのは、横に並んでいるのをまとめているんだ！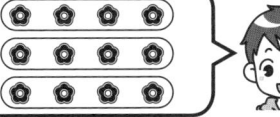

3つずつっていうのは、縦に並んでいるのをまとめているのね！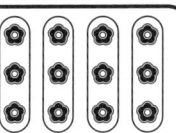

それは式で表せますよ。

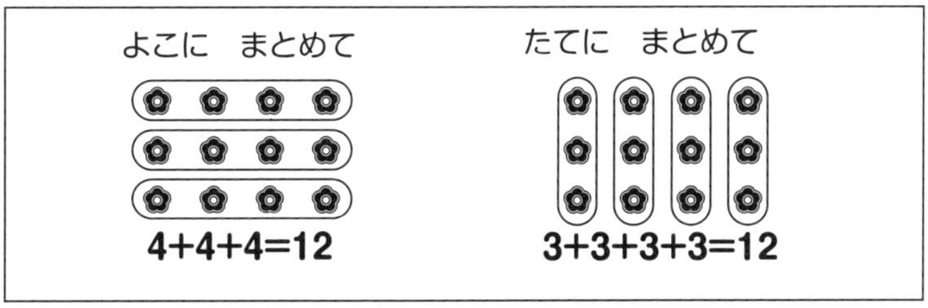

よこに まとめて	たてに まとめて
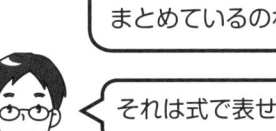	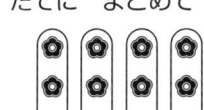
4+4+4=12	3+3+3+3=12

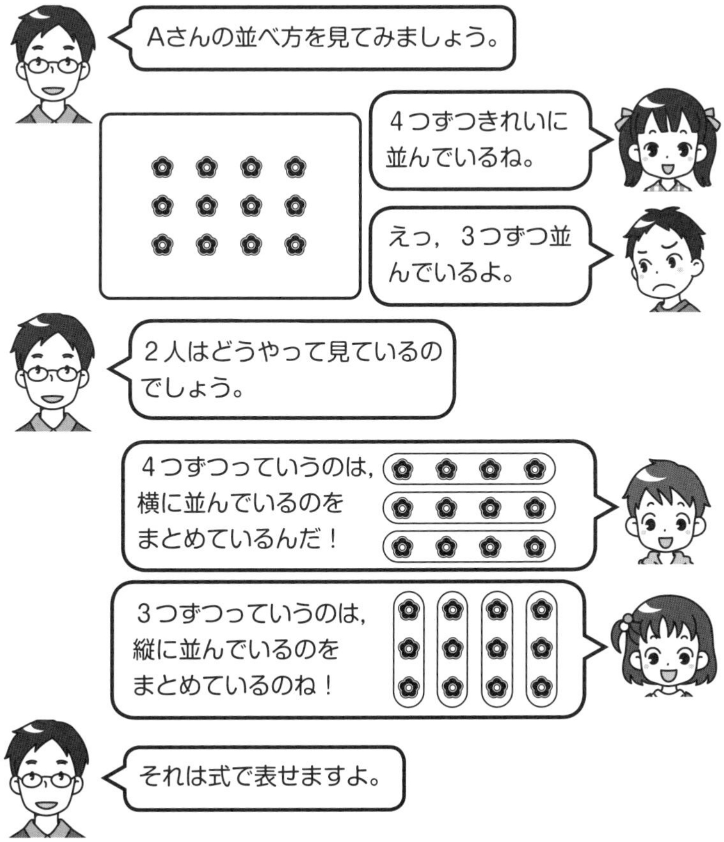

ポイント
「4個の3列」または「3個の4列」のような例を見つけて、検討させる。児童の説明を聞くことが大切。

ポイント
「4個の3列」を
　4+4+4
「3個の4列」を
　3+3+3+3
という式で表現することを約束する。

❸ 他の並べ方も式で表す。

他にもいろいろな並べ方があったので，それも式に表してみましょう。

Bさん

6+6=12

Cさん

上から横にまとめて，
2+4+6=12

左から縦にまとめて，
1+2+3+3+2+1=12でもいいね。

次の並べ方も2通りの式ができそうだね。

Dさん

2+2+2+2+2+2=12

6+6=12

どのように見た式か説明できますか。

たてに まとめて，左から
2が 6こ あります。

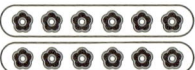
よこに まとめて，上から
6が 2こです。

ポイント

いろいろな並べ方について式で表現させる。
横から見た場合，縦から見た場合についてそれぞれ異なる式になるので，注意したい。そのことの説明がしっかりできることをねらう。

❹ 式だけで並べ方を考える。

では、先生が式を見せますから、どのように並べたのか考えてみましょう。

$$2+4+4+2=12$$

横にまとめて…　　　縦にまとめて…

あれっ！どっちも並べ方は同じだね！

これ、ななめに見たら、
2+3+2+3+2=12になってるよ。

どういうことか、他のだれかが説明してみましょう。

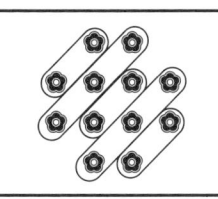
このように見たのだと思います。

同じ数なのに、並べ方によっていろいろな見方ができました。式で表すととてもよく並べ方が分かりましたね。

ポイント
式だけ見て、どのような並べ方かを問う。
児童が自分で机の上におはじきを並べることで確かめていく。

ポイント
同じ並べ方でも見方によって式が変わってくることもあることを確認する。

ポイント
時間があれば別のおはじきの個数でも挑戦させる。

1年

 じょうずに　けいさんしよう

たし算②

（白百合学園小学校教諭　北原美和子）

◎算数的活動　イ（数と計算）
計算の意味や計算の仕方を，具体物を用いたり，言葉，数，式，図を用いたりして表す活動

▶内容とねらい
これまでに学習してきた数の仕組みや計算の仕方などを活用して，新しい計算の仕方を考え，表現する。言葉や図などを用いて表現し，また，他の児童の考えを聞くことにより，共通点や相違点に着目できるようにする。

---

❶ 問題を理解する。

> たろうさんと　はなこさんが　どんぐりを　ひろいました。
> たろうさんは　8こでした。はなこさんは　7こでした。
> あわせて　なんこでしょう。

「2人のものを合わせるから，たし算をするんだね。」
「では，式で表してみましょう。」

「8＋7＝…　どうやって計算しようかな。」

❷ 計算や，ブロックなどの半具体物を用いて，答えを出す。

「合わせたらどれだけになるか調べてみましょう。ブロックを使って確かめてみてもよいですよ。」

「計算でやってみようかな。」

❸ 自分の考え（操作の仕方）をグループで説明する。

「10をどうやって作って答えを求めたらよいでしょう。近くの席の友達に，考えたやり方を教えてください。同じやり方のときには，他の方法の人を探して説明しましょう。」

準備
・ワークシート
・ブロック等

ポイント
「たしざん②」の指導では，前時までに，10のまとまりを数の操作としてどのように作るかを，下のように計算の手立てを書き込ませたり，言葉による説明をさせたり，ブロックなど半具体物の操作をさせたりして学習しておくとよい。

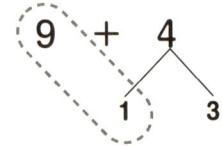

ポイント
各自やりたい求め方で答えを求める。言葉の説明や図などでもよいので，その場で考え方をメモさせる。

ポイント
自分の考え方を，操作や言葉によって他の児童に説明する。2人組，4人組と人数を増やし，説明する。また，共通する場合は，同じ考え方としてまとめていく。説明が苦手な児童は，ブロックを動かして見せたり，絵などで示したりしてもよい。

▶この活動の流れ（1時間扱い）

※たす数を分けて考える場合（加数分解），たされる数を分けて考える場合（被加数分解）の両方の計算の仕方を学習した後にこの授業を行う。

❶ 問題を理解する。（5分）
❷ 計算や，ブロックなどの半具体物を用いて，答えを出す。（5分）
❸ 自分の考え（操作の仕方）をグループで説明する。（10分）
❹ グループで出た考えをまとめ，説明する。（10分）
❺ どの考えも，10のまとまりの作り方には違いがあるが，10を作って答えを求めればよいことをまとめる。（10分）
❻ 説明の仕方を練習する。（5分）

はなこさんから，たろうさんに2個あげて10にして，10と5で15，と考えました。

ポイント

具体物を動かしたり，言葉で説明したりと様々な方法が考えられるが，10のまとまりの作り方が同じであれば，共通の考え方として，まとめられるように指導する。また，言葉でうまく説明・表現することが難しい児童には，的確な表現となるように言葉を加えるような支援をし，説明に慣れさせる。

※説明をするのに望ましいこと
・ものを動かしながら動きに合った言葉を加える。
・順序（はじめに，次に…）
・目的（…したいので，…するために）
・結果（…となります）
・例示（たとえば…）
・児童が発言したことを，再度他の児童に説明させる指導（○○さんの言いたかったことは…）

これらを日ごろからさせたり，また，説明の際に提示したりしておくとよい。

たろうさんから，はなこさんに3個あげて，10を作って，5と10で15，と考えました。

わたしは式の中で考えましたが，10の作り方はさっきの人と同じです。

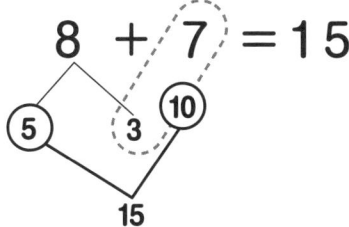

❹ グループで出た考えをまとめ，説明する。

ぼくのグループでは，こういうやり方がありました。まずはじめに…

ポイント

ブロックなどの動かし方と，数の操作，言葉での説明を一緒に提示できるように板書していくとよい。

❺ どの考えも，10のまとまりの作り方には違いがあるが，10を作って答えを求めればよいことをまとめる。

式に分けた数を書いたり，ブロックを動かしたりと色々な方法があるけれど，どれも同じだ。

みんな，10を作っています。

他にも，10を作る方法はあるでしょうか。

たろうさんのうちの5個と，はなこさんのうちの5個を合わせて10個，残った3個と2個を合わせて15個です。

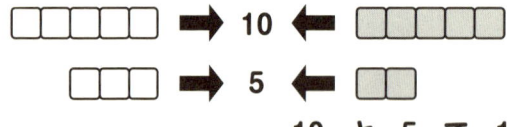
10 と 5 で 15

10のまとまりを上手に作るこつはあるのでしょうか。

大きい数のほうに，小さい数からたりない分をあげると簡単にできます。

❻ 説明の仕方を練習する。

ワークシートにある計算をするときに，どのようにしたらよいか，10のまとまりを図にかき入れながら説明し合いましょう。

ポイント
気づいたことや分かったことを自由に発表させる。

児童の説明の中には，加数・被加数ともに5より大きい場合に，5を2つで10のまとまりを作る方法（五二進法）も出てくるかもしれない。

〈五二進法〉

$$\begin{array}{c} 8 + 7 = 15 \\ \downarrow \quad \downarrow \quad \uparrow \\ 5 + 5 = \boxed{10} \\ と \quad と \\ 3 + 2 = 5 \end{array}$$

ポイント
上手に10のまとまりを作る「こつ」として，加数分解・被加数分解のどちらとも大きい方の数の10の補数を求めて考えていけばよいことを押さえておくとよい。

〈加数分解〉

$$\begin{array}{c} 8 + 7 = 15 \\ \downarrow \quad \downarrow \quad \uparrow \\ 8 + 2 = \boxed{10} \\ と \quad と \\ 0 + 5 = 5 \end{array}$$

〈被加数分解〉

$$\begin{array}{c} 8 + 7 = 15 \\ \downarrow \quad \downarrow \quad \uparrow \\ 3 + 7 = \boxed{10} \\ と \quad と \\ 5 + 0 = 5 \end{array}$$

◀ワークシートを配る。

ポイント
10のまとまりを図にかき入れながら，答えの求め方を2人組で説明し合う。問題によって，被加数分解，加数分解のどちらがより便利かを考えることができるようにし，計算方法の理解と習熟につなげる。

さんすう　1年イ　たし算②

ワークシート

なまえ　　ねん　　くみ　　ばん

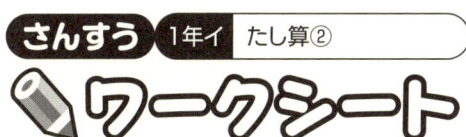

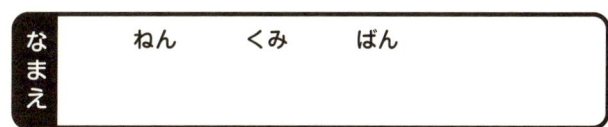

☆10の　まとまりを　つくって，けいさんの　しかたを　ともだちに　せつめいしましょう。

1 9＋8

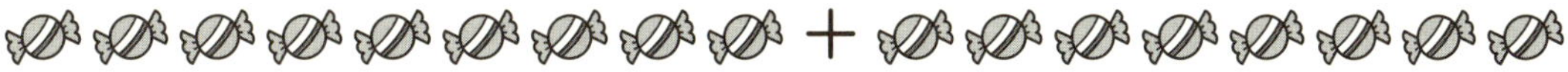

2 6＋9

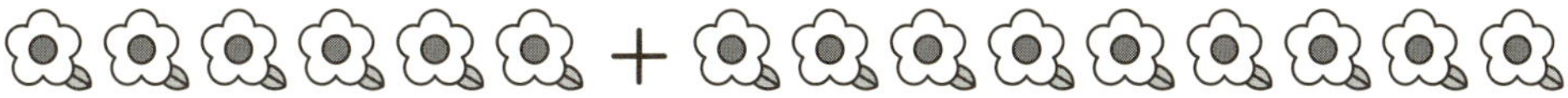

3 7＋6

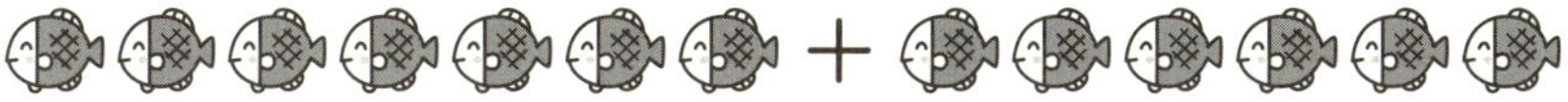

1年

どうしたら くらべられるかな
水のかさ

（元 山形大学地域教育文化学部講師　笠井健一）

◎ **算数的活動　ウ（量と測定）**
　身の回りにあるものの長さ，面積，体積を直接比べたり，他のものを用いて比べたりする活動

▶ **内容とねらい**
　この活動は，面積，体積の単位と測定の考えを，日常生活の中で活用できるようにすることをねらいとしている。隣の児童と水筒に入る水の体積を比べる場面で，直接比較や間接比較，任意単位による測定を行うことを通して，量の意味やその測定の仕方についての理解をより確かなものとしたり，量の大きさについての感覚を豊かにしたりする。

❶ 問題場面を理解し，準備する。

隣のお友達と，どちらのほうが水筒に水が多く入るか，いろいろな比べ方で調べてみましょう。

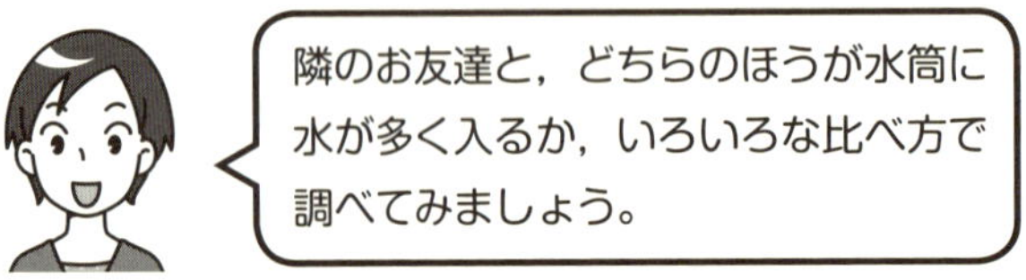

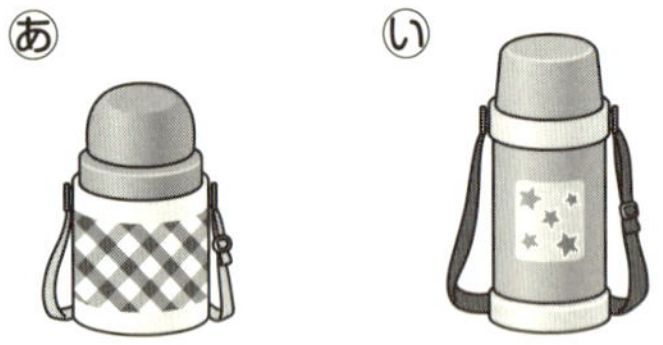

あ　　い

どうにかして比べることはできないかな。

水筒の水を，もう一方の水筒に移してみたらどうかしら。

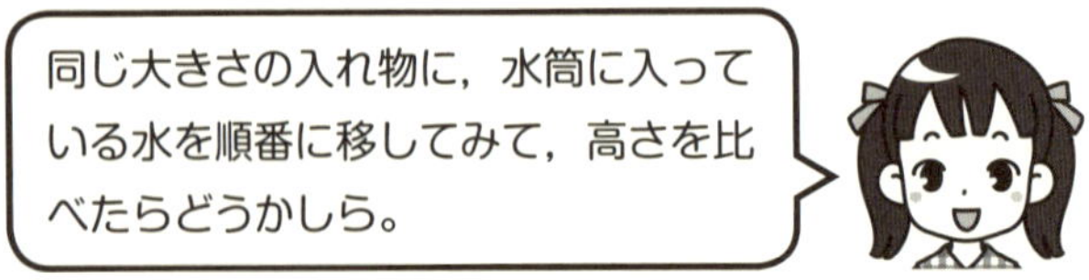

同じ大きさの入れ物に，水筒に入っている水を順番に移してみて，高さを比べたらどうかしら。

コップに何杯分入るかを調べてみたらどうかな。

準備

児童：自分の水筒
児童用の水筒は400mℓ～600mℓのものが多い。用意できない場合は500mℓぐらいのペットボトルで代用することも可能。

教師：トレイ
　　　大きめのビーカー
　　　（500mℓ）…児童数分
　　　カップ（100mℓ）
　　　…児童数×7程度
　　　ワークシート

ポイント
　方法の見通しをもたせてから取り組ませる。
　発表させるときには，似た意見を続けて発表させるようにして，方法を関連付けるようにする。

▶この活動の流れ（1時間扱い）

❶ 問題場面を理解し，準備する。（10分）
❷ 他の児童の水筒に水を移して比べる。（10分）
❸ それぞれ同じ大きさのビーカーに水を移して調べる。（10分）
❹ 同じ大きさの小さなコップでそれぞれ何杯入るか測り取る。（15分）

▶他教科・他学年との関連

第2学年の水のかさの指導のとき（平成22年度～），考え方が活かせる。

---

❷ 他の児童の水筒に水を移して比べる。

「あの水筒がいっぱいになったということは，いの水筒の方がたくさん入るね。」

「この方法だと，違いはどれくらいあるか分かりにくいわね。」

ポイント
水を移したときにいっぱいになってあふれたら，はじめに水が入っていた方がたくさん入ることに気付かせる。

ポイント
1つの方法で比べられたら，他の児童が発表した他の比べ方もやらせるようにする。

❸ それぞれ同じ大きさのビーカーに水を移して調べる。

「今度は，同じ大きさのビーカーにそれぞれ水を移して比べましょう。」

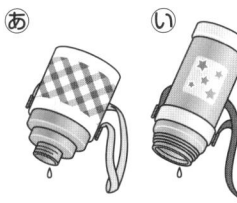

「ビーカーの水の高さが高いほうが，水が多いよね。」

「いの水筒に入っていた水のほうが，この高さの違いの分だけ，多いことが分かりました。」

ポイント
どの方法も，水の量は比べられることを確認する。

❸の方法だと，入る量の違いが分かることを確認する。

第4章　1年

❹ 同じ大きさの小さなコップでそれぞれ何杯入るか測り取る。

> あは、コップでちょうど6杯分でした。

> いは、コップでちょうど8杯分でした。

> この方法だと、それぞれの水の量を数で表すことができるね。

> 入る水の量の違いも数で表すことができます。ちょうどコップで2杯分違うことが分かりました。

> どちらが多く水が入っているのかを比べるだけなら、どの方法もいい方法ですね。けれども、違いがよく分かる方法もありました。量を数で表すことができる方法もありましたね。それぞれの方法によさがありますね。

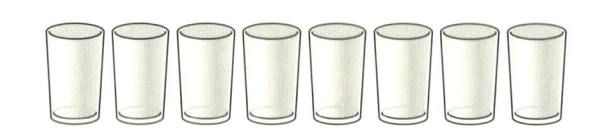

ポイント
こぼしても大丈夫なように、トレイの上で作業をさせる。

◀ ワークシートを配る。

ポイント
❹の方法だと、水の量を数で表すことができることに気付かせる。また、水の量の差も数で表すことができることに気付かせる。

さんすう 1年ウ 水のかさ
ワークシート

なまえ　ねん　くみ　ばん

★ はんの　ともだちの　すいとうに　どれだけ　みずが　はいるか　しらべましょう。

> みずの　はいって　いる　コップの　かずだけ　いろを　ぬりましょう。

★じぶんの　なまえ

ともだちの　なまえ

ともだちの　なまえ

ともだちの　なまえ

わかったこと（つづけて　かきましょう。）
▶ すいとうに　はいる　みずの　おおさを　くらべるときは，

1年

へんしん さんかく
かたちづくり

(東京都目黒区立中根小学校教諭　石川大輔)

◎算数的活動　エ（図形）
身の回りから，いろいろな形を見付けたり，具体物を用いて形を作ったり分解したりする活動

▶内容とねらい
　直角二等辺三角形を用いて様々な形を作ったり分解したりする活動を通して，図形についての理解の基礎となる経験を豊かにすることをねらいとする。ここでは図形を平行移動や回転移動，対称移動したり，三角形を複数枚使って四角形や身の回りにあるものに似た形を作ったりする活動を大切にする。

---

❶ 課題を把握する。

あ

今日は，このさんかくを使って，いろいろな形をみんなで作っていきましょう。

さんかくを くみあわせて，いろいろな かたちを つくろう

❷ 三角形1枚を動かして観察する。

まず，1枚を動かしてみましょう。どんな形ができますか。

あを右にぐるんと回すと，右矢印さんかくになったよ。

逆に左に回すと，左矢印さんかくだね。

あをぱったんとひっくり返すと，さかささんかくができるぞ。

❸ 三角形2枚で形を作り，三角形と四角形を比べる。

次に，さんかくを1枚増やしてみましょう。同じ長さのところをぴったりとつけて組み合わせると，どんな形ができますか。

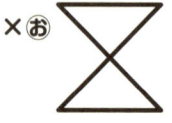

○い　　○う　　○え　　×お

準備
・児童用三角形
　（1人4枚）
・掲示用三角形
　（50～60枚）

ポイント
　児童用の三角形は，事前に児童に切らせておくとよい。

◀三角形を1枚配る。

ポイント
　形の移動を，「ずずず（平行移動）」や「ぐるん（回転移動）」や「ぱったん（対称移動）」などの児童の言葉で板書する。

◀三角形をもう1枚配る。

ポイント
　ここで，三角形の組み合わせ方を押さえる。
　い，う，えのように，同じ長さの辺同士で必ず組み合わせる。おのような組み合わせ方は，なしとする。

▶**この活動の流れ（1時間扱い）**
※事前に直角二等辺三角形を切り，自由に形を作らせておくとよい。
❶ 課題を把握する。(2分)
❷ 三角形1枚を動かして観察する。(5分)
❸ 三角形2枚で形を作り，三角形と四角形を比べる。(8分)
❹ 三角形3枚で形を作り，その形に名前を付ける。(10分)
❺ 三角形4枚で正方形を作り，1枚ずつ動かして変形させる。(10分)
❻ さらに三角形を動かして変形させて，作った形を発表する。(10分)

⃝いはさんかくで，うはしかくになったよ。

さんかくが2つでしかくになったぞ。

えはうと同じ，しかくの仲間かな。

❹ 三角形3枚で形を作り，その形に名前を付ける。

それでは，さらに1枚増やして，形を作りましょう。何に見えるか，名前も付けていきましょう。

か すべりだい　　き オットセイ　　く 上なしピラミッド

け パックン　　こ セミ

きはオットセイが上を向いているように見えるぞ。

くは，上がとがっていないピラミッドみたい。もう1枚つけると，ピラミッドになりそうだ。

けをくるりと左に回すと，このセミになる。もっと回すと…。

ポイント
ずらしたり，回したり，裏返したりして，十分操作させる。

ポイント
三角形と四角形それぞれを比べてみることで，それぞれの特徴を考えることができる。

◀さらに，三角形をもう1枚配る。

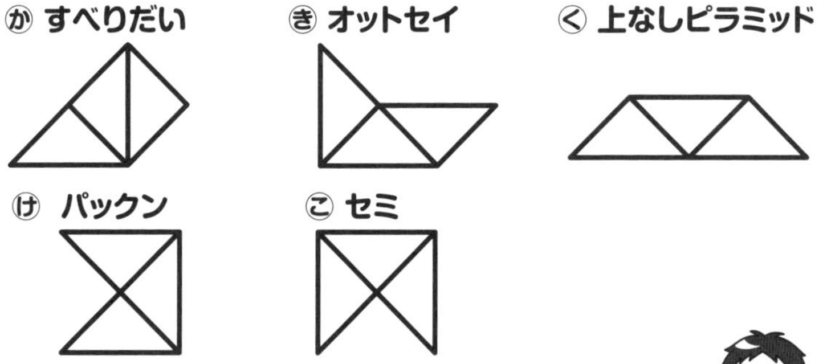

ポイント
形に名前を付けることで，具体的に作った形を投影して見る経験をさせたい。

ポイント
けとこのように，同じ形が出されてもよい。回したり，裏返したりすることで，図形の多様な見方を育てたい。

第4章　1年

❺ 三角形4枚で正方形を作り，1枚ずつ動かして変形させる。

> 最後に，さんかく4枚で形を作ります。
> まず，㋐のようなしかくを作ってみましょう。そして，そこから，1枚だけ動かすと，どんな形ができるでしょうか。

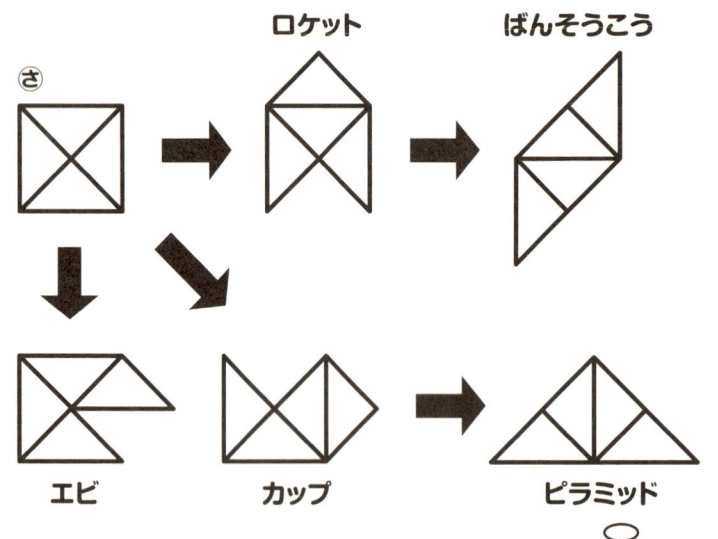

◀さらに，三角形をもう1枚配る。

ポイント
㋐の正方形から始める。どこか1つの三角形を動かすことにより，図形を変形していくおもしろさを感じ取らせたい。

㋐ → ロケット → ばんそうこう

↓ ↘

エビ　カップ → ピラミッド

ポイント
変形した図形を発表していくときは，同じ図形がないかということにも注目させ，判断させる。
なお，すべての形が出されることには，こだわらない。

❻ さらに三角形を動かして変形させて，作った形を発表する。

> 同じようにして，いろいろな形に変身させてみましょう。

もっと他にもできそうだぞ…。

◆**板書例**

さんかくを くみあわせて いろいろな かたちを つくろう。

1まいだと…
ぐるん　ぱったん　すずす
どれも さんかく。

2まいだと…
おなじ ながさの ところを くっつける。
ダイヤしかく　これは×
さんかく 2つで しかく。　これも しかくの なかまかな？

3まいだと…
すべりだい　オットセイ　うえなしピラミッド
あと さんかく1まいで ピラミッドが できそう。
ぐるん
せみ　パックン

4まいだと…
→ ロケット → ばんそうこう
↓
→ エビ → カップ → ピラミッド

もっと ほかにも てきそうだぞ。

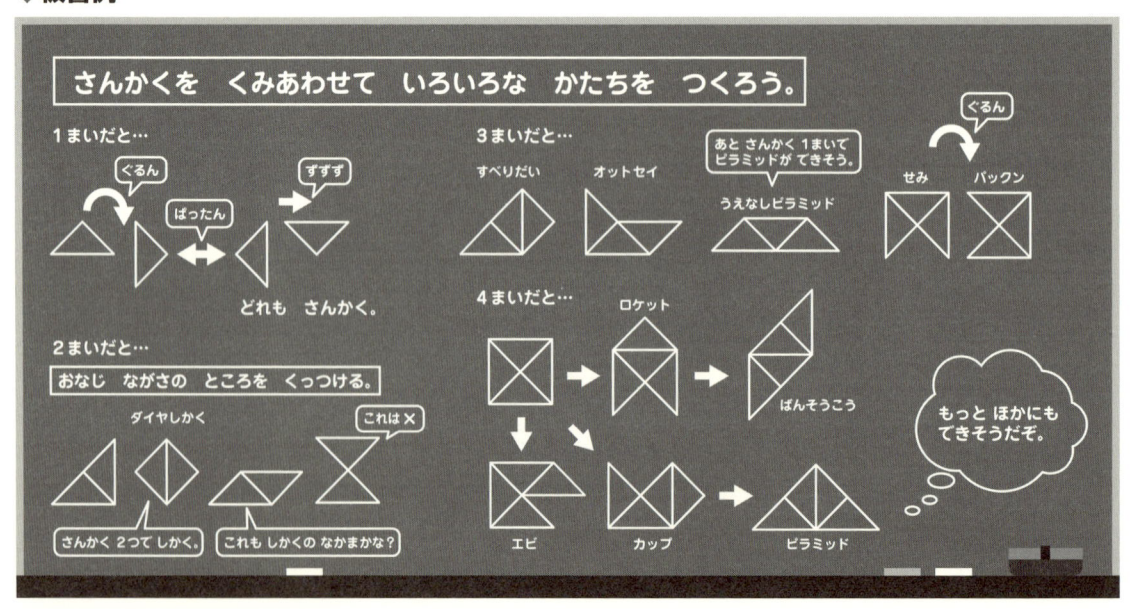

さんすう 　1年エ　かたちづくり

ワークシート

なまえ　ねん　くみ　ばん

▼ きりとって　つかいましょう。

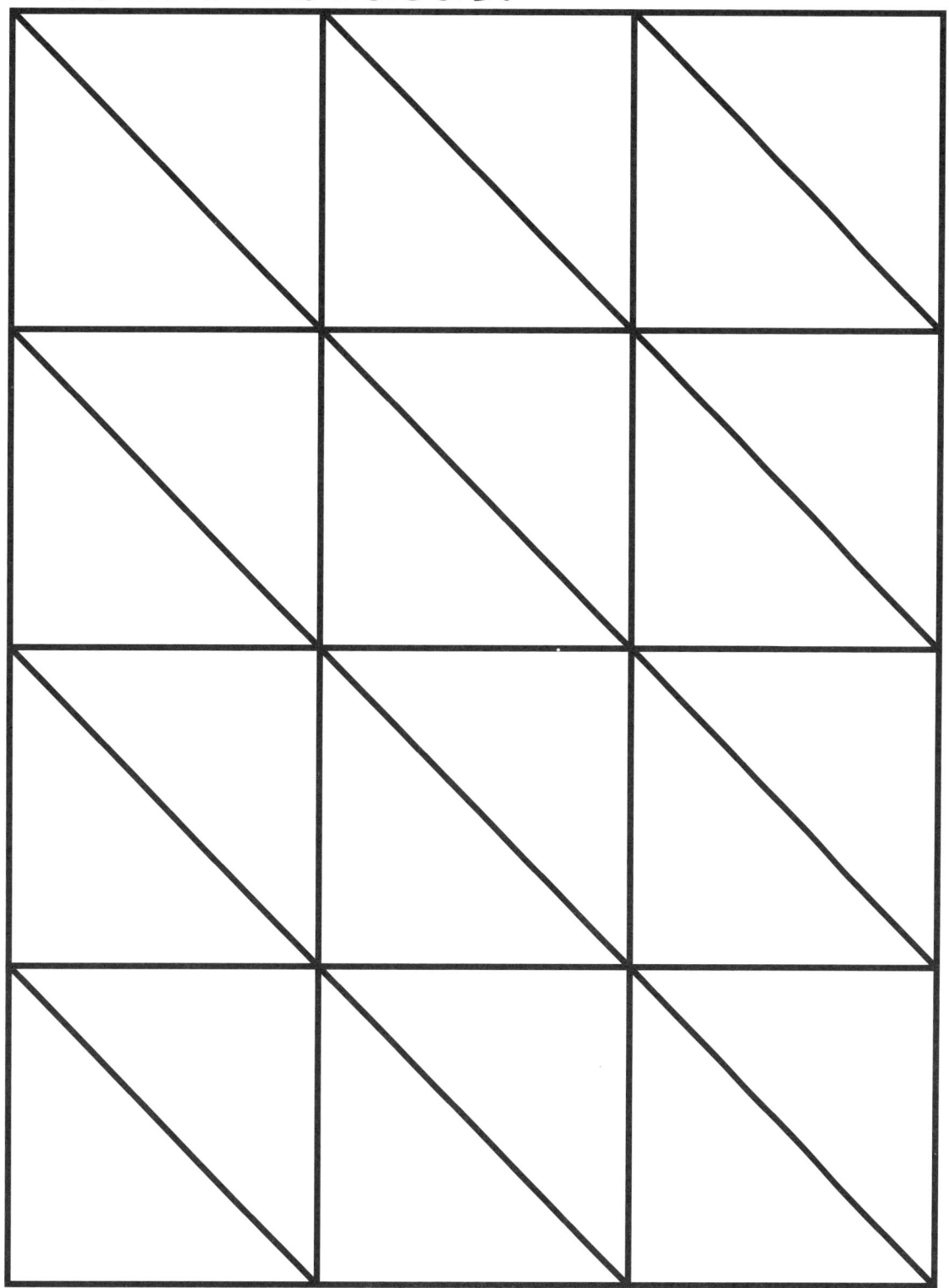

1年

エレベーターには なんにん？

3つの数の計算

(学習院初等科教諭　鈴木純)

◎**算数的活動　オ（数量関係）**
数量についての具体的な場面を式に表したり，式を具体的な場面に結び付けたりする活動

▶**内容とねらい**
　エレベーターの乗り降りという日常的な場面は児童にとっても身近であると同時に，10前後の数量の増減の変化が多い。したがって，式化を考えやすい題材である。この学習を通して，場面を式化する楽しさと，式が表す場面を児童が考えられる力を養いたい。

❶ 問題の理解（場面を共通理解する）。

> エレベーターの なかに 7にんが のって います。とびらが ひらくと，4にん おりて，8にんが あたらしく のりました。いま エレベーターには なんにん のって いますか。

❷ 計算をして，答えを出す。

❸ 式から場面をイメージする（式の流れから場面を考える）。

> 3人のお友達が，式をつくりました。答えはどれも11人です。でも，式がみんな違いますね。どの式がこの場面に合っていますか。
> 3人の式から，場面を考えましょう。

よしこさん	たろうさん	ともこさん
7＋8－4＝11	7－4＋8＝11	8－4＋7＝11

> よしこさんの式は，最初にエレベーターに7人乗っていて，そこに8人乗ってきて，4人降りたということです。

> たろうさんの式は，最初にエレベーターに7人乗っていて，そのあと4人降りて，8人乗ってきたということです。

準備
・発問を書いた掲示用の模造紙
・おはじき（ブロック）
※文章からイメージを持つことと，児童がイメージを共有するために大きな掲示が必要。

ポイント
　❷では机間指導をし，どのような立式をしているかを把握する。答えが11人であることを確かめる。そのうえで❸につなげる。

ポイント
　答えを求めることではなく，式に注目できるようにする。

ポイント
　おはじきを使って操作活動をするとよい。

ポイント
　発言や話し合い活動の中で，「乗る」を「＋」，「降りる」を「－」で表すことを理解する。
　場面の流れと式が合っているかを考える。

▶この活動の流れ（1時間扱い）

❶ 問題の理解(場面を共通理解する)。(2分)
❷ 計算をして，答えを出す。(5分)
❸ 式から場面をイメージする(式の流れから場面を考える)。(10分)
❹ 話し合いをまとめる(たし算・ひき算の意味を考える)。(8分)
❺ 問題づくりをする(理解できたかどうかを問題づくりで評価する)。(10分)
❻ 問題を確認しあう(さまざまな問題にふれる)。(10分)
❼ 発展問題(時間の余裕によって)。

▶他教科・他学年との関連

問題づくりは，国語の作文学習につながる。

ともこさんの式は，最初にエレベーターに8人乗っていて，そのあと4人降りて7人乗ってきたということです。

❹ 話し合いをまとめる(たし算・ひき算の意味を考える)。

エレベーターの中には，最初7人が乗っていました。
このあと，「降りる」「乗る」という2つの場面がありますね。
4人降りたということは，8人のうち4人がいなくなるのですから，ひき算ですね。

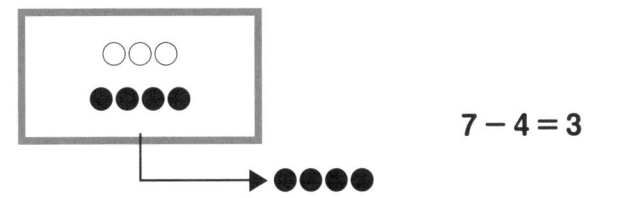

$7 - 4 = 3$

ポイント
黒板では，マグネットを使って場面を示すとよい。

今，エレベーターの中には3人いますが，ここに8人乗ってくるということは，人数が増えるのですから，たし算ですね。

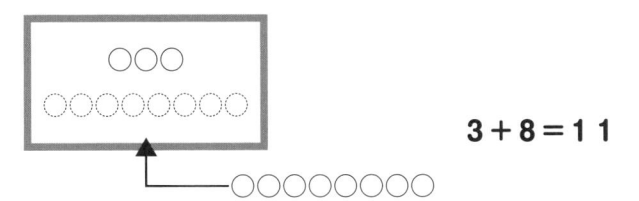

$3 + 8 = 11$

ポイント
文章を2つの場面に分けて考えていくことで，式化を理解しやすくする。

この2つの場面をまとめると，

$7 - 4 + 8 = 11$

となりますね。だから，たろうさんの式が合っていますね。

❺ 問題づくりをする(理解できたかどうかを問題づくりで評価する)。

> $9+6-7=□$
>
> この しきに なるような ばめんを かんがえて,
> もんだいを つくりましょう。

例：あきこさんは あめを 9こ もって います。おかあさんから 6こ もらったので,いもうとに 7こ あげました。いま,あきこさんは あめを いくつ もって いるでしょう。

ポイント
　場面の流れと式が合っているかを確認する。
　＋，－が文章上ではどのような言葉になっているかを考える。

❻ 問題を確認しあう(さまざまな問題にふれる)。
　隣の席の子どもだけではなく,班などにして,問題が成り立っているかを確認しあう。

❼ 発展問題(時間の余裕によって)。

> エレベーターから 3にんが おりて きて,4にんが のったら,いま エレベーターの なかに 5にん います。さいしょに なんにん のって いたでしょう。

$$?-3+4=5$$

場面を逆に考えていく。$?-3$を□と考えて,
　$□+4=5$ ということは,□は 1
　$?-3=1$ ということは,?は 4

ポイント
　最初の数を？にして式を作ってもよい。式をつくることが大切で,答えは全体で考えながら出すとよい。

◆ **板書例**

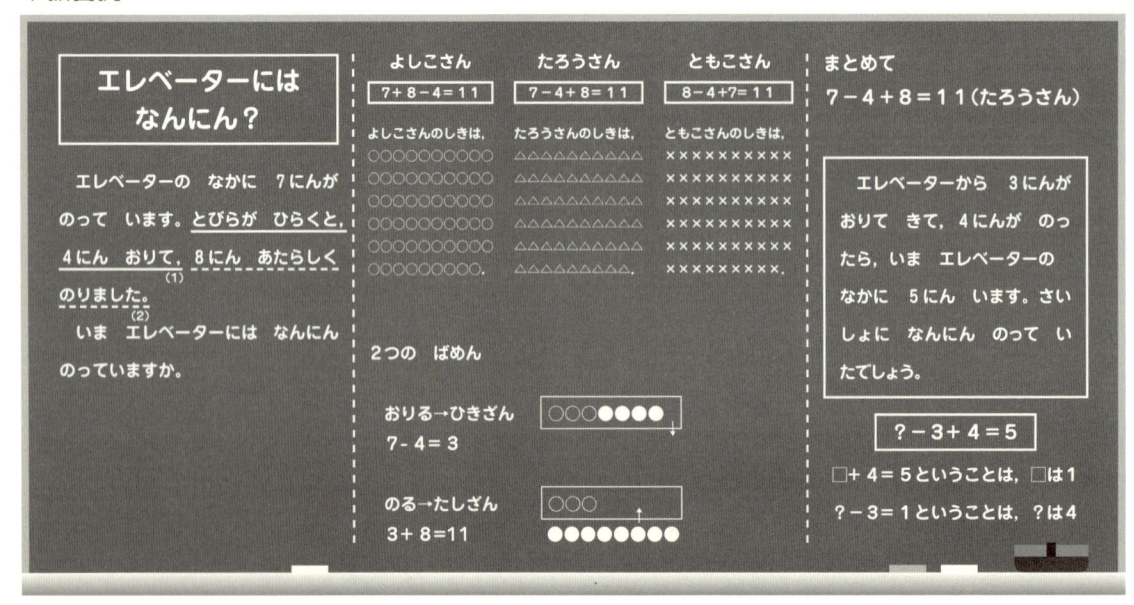

エレベーターには なんにん？	よしこさん $7+8-4=11$	たろうさん $7-4+8=11$	ともこさん $8-4+7=11$	まとめて $7-4+8=11$ (たろうさん)
エレベーターの なかに 7にんが のって います。とびらが ひらくと,4にん おりて,(1) 8にん あたらしく のりました。(2) いま エレベーターには なんにん のっていますか。	よしこさんのしきは,○○○○○○○ ○○○○○○○ ○○○○○○○ ○○○○○○○ ○○○○○○○.	たろうさんのしきは,△△△△△△△ △△△△△△△ △△△△△△△ △△△△△△△ △△△△△△△.	ともこさんのしきは,××××××××× ××××××××× ××××××××× ××××××××× ×××××××××.	エレベーターから 3にんが おりて きて,4にんが のったら,いま エレベーターの なかに 5にん います。さいしょに なんにん のって いたでしょう。
	2つの ばめん おりる→ひきざん ○○○●●●● $7-4=3$ のる→たしざん ○○○ ●●●●●●●● $3+8=11$			$?-3+4=5$ □＋4＝5ということは,□は1 ？－3＝1ということは,？は4

| さんすう | 1年オ | 3つの数の計算 |

ワークシート

なまえ　ねん　くみ　ばん

1 つぎの　もんだいを　しきに　あらわして，こたえも
だしましょう。

> 　れいぞうこに　アイスクリームが　10こ　ありました。おにいさんが　4こ　たべたので，おかあさんが　7こ　かって　きて　くれました。すると　いもうとが　2こ　たべました。
> 　いま　れいぞうこには　アイスクリームが　なんこ　ありますか。

しき・こたえ

2 6+8−5=□に　なる　もんだいを　つくりましょう。

もんだい

2年 身の まわりの 数字を さがそう

数の意味や表し方

（神奈川県相模原市立川尻小学校教諭　野中太一）

◎**算数的活動　ア（数と計算）**
　身の回りから，整数が使われている場面を見付ける活動

▶**内容とねらい**
　身の回りの数字を集めて仲間をつくることで，数字の使われ方や見方の多様性に気づく。

身の まわりの 数字を さがそう！

❶ 教室の中の数字を探す。

　まず，教室の中の数字を見付けてみましょう。

カレンダー
1 2 3 4 5 6 7
8……
29 30 31

黒板の月日
2月24日

時計の数字
1 2 3 4 5 6 7
8 9 10 11 12

出席番号
1 2 3 …33 34 35

❷ ワークシートにまとめる。

見付けた数字を書きます。

数字にくっついている言葉があれば書きます。

2	月
こくばん	

どこで見付けたかを書きます。

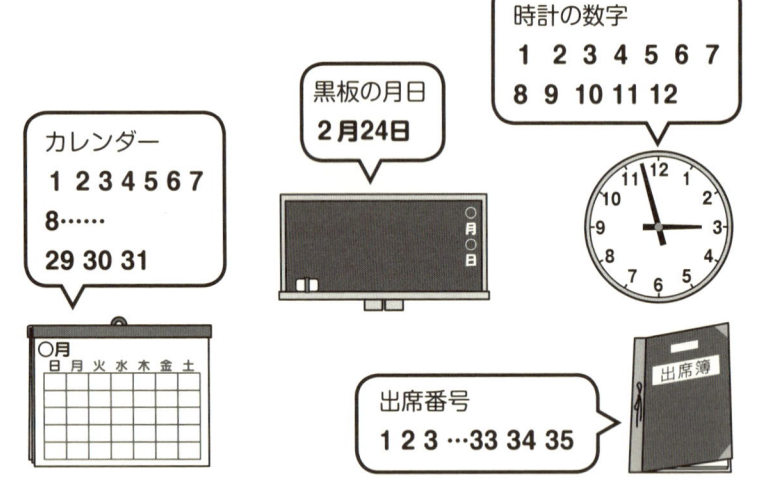

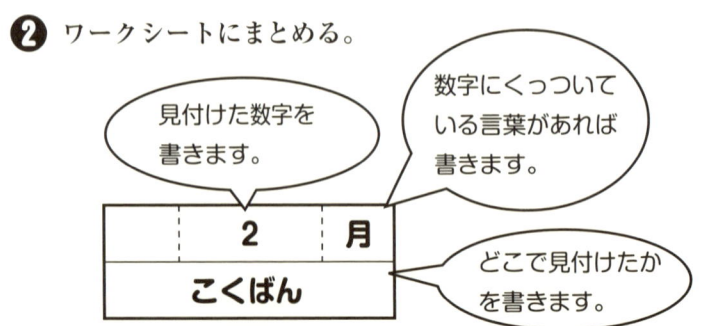

準備
・ワークシート
・掲示用画用紙

ポイント
　活動を理解させるために，まずは教室の中の数字を探す。

ポイント
　児童の言葉を板書していく。

◀ワークシートを配る。

ポイント
　ある程度出てきたら，ワークシートを配布して，書き方を教える。

▶ **この活動の流れ（2時間扱い　❶〜❷で1時間，❸は宿題，❹〜❺で1時間）**
❶ 教室の中の数字を探す。（25分）
❷ ワークシートにまとめる。（20分）
❸ 身の回りの数字を探してくる。（宿題）
❹ 見付けてきた数字を発表する。（15分）
❺ 数字の仲間分けをする。（30分）

❸ 身の回りの数字を探してくる。

先生：「他には，どんな場所で数字が使われていますか。考えてみましょう。」

- 看板にあるよ。
- 道路にあるよ。
- 電柱にあるよ。
- 車にあるよ。
- お店にあるよ。
- お家の中にもありそう。

こんな ところを さがして みよう。
・学校からの かえりみち
・おうちの 中
・おみせの 中

見つけた 数字を ワークシートに 書いて きましょう。

❹ 見付けてきた数字を発表する。

先生：「探してきた数字をみんなに伝えましょう。」

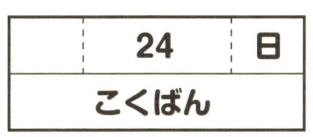

2	月
こくばん	

24	日
こくばん	

ポイント
児童の気付きを拾い上げ，どんな数字が書いてあるかを具体的に聞き，イメージを他の児童と共有できるようにする。具体的に言えない児童がいた場合には，他の児童がお話の続きをして具体化できるようにするとよい。

ポイント
児童の気付きをまとめ，数字の探し方に見通しが持てるようにする。どこを見ればよいか，場所の視点を与える。

ポイント
朝のうちにワークシートを集め，適した数字を画用紙に書いておく。朝，一人ひとりから受け取るときに，児童の発見の喜びを聞き，がんばりを認めてあげるとよい。

ポイント
児童は思いもよらないところから数字を見付けてくる。児童が見付けた数字は，板書をしないまでも，他の児童に紹介するなどして，見付けた努力を認めるようにする。

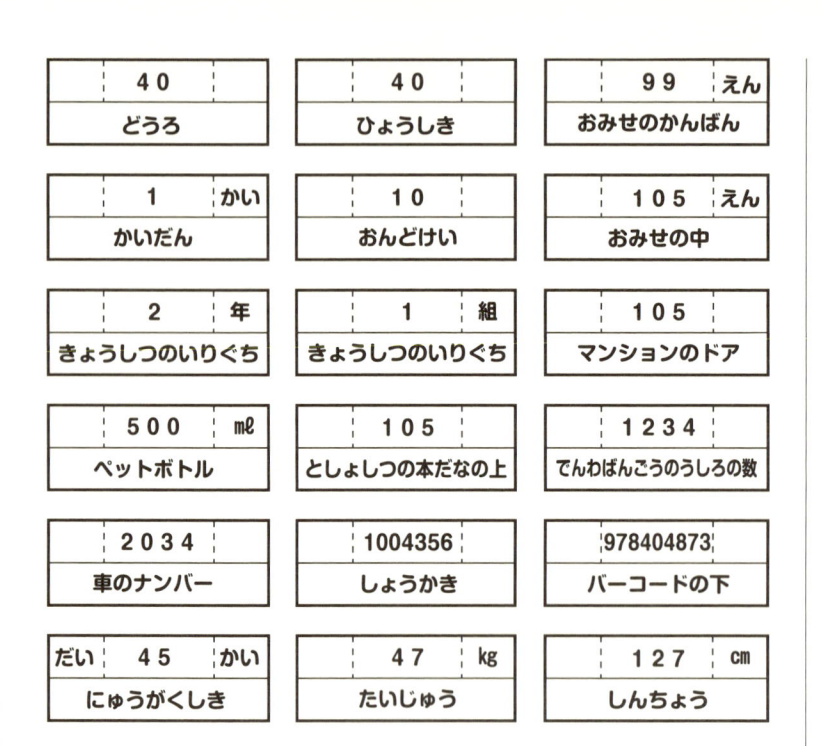

40	40	99 えん
どうろ	ひょうしき	おみせのかんばん

1 かい	10	105 えん
かいだん	おんどけい	おみせの中

2 年	1 組	105
きょうしつのいりぐち	きょうしつのいりぐち	マンションのドア

500 ml	105	1234
ペットボトル	としょしつの本だなの上	でんわばんごうのうしろの数

2034	1004356	978404873
車のナンバー	しょうかき	バーコードの下

だい 45 かい	47 kg	127 cm
にゅうがくしき	たいじゅう	しんちょう

❺ 数字の仲間分けをする。

先生:「たくさんありますね。分かりやすいように並べかえたいと思います。仲間になるものはありますか。」

男子:「同じ105という数字の仲間。」

105 えん	105	105
おみせの中	としょしつの本だなの上	マンションのドア

女子:「千の位の数の仲間。」

男子:「4桁の数とも言えるよ。」

1234	2034
でんわばんごうのうしろの数	車のナンバー

女子:「百の位の数や他の位の数の仲間もつくれるね。」

ポイント
画用紙に，調べてきた児童の名前を書くと子どもの意欲が高まる。
画用紙は，動かせるように裏にマグネットをはっておくとよい。

ポイント
初めは「同じ数」という共通点でまとめ，次第に数の表す内容によるまとめ方に深めていくようにする。

すると，児童は次に「桁数」という見方でまとめ始める。黒板にはってある数を桁別にまとめてみるのもよい。

「大きな数字の仲間。」

1004356
しょうかき

978404873
バーコードの下

ポイント
未習の大きさの桁の数に触れる。大きな数がまだまだ存在することを感じられればよい。桁数の違いには触れない方がよい。

「物の値段の仲間。」

９９	えん
おみせのかんばん	

１０５	えん
おみせの中	

ポイント
「量」という観点でまとめる。ここで取り上げたのは，値段であるが，重さや長さなど，出てきたカードの中から量の種類を引き出して，それぞれに求めるのもよい。

「重さの仲間もつくれるね。」

「数字の後ろの言葉が同じだと仲間になるね。」

ポイント
広告など，実際に数字の載っている物を持ってきた場合は，実物を見せるようにし，その数字が表すイメージを共有する。

「さっきは，「マンションのドアの数字１０５」が「お店の中の数字１０５」と仲間だったね。「マンションのドアの数字１０５」も，これらと同じ仲間にしていいんじゃない？」

９９	えん
おみせのかんばん	

１０５	えん
おみせの中	

１０５
マンションのドア

「マンションのドアの「１０５」は，物の値段を表していないよ。」

「マンションのドアの数字「１０５」は，何を表しているんだろう？」

ポイント
「１０５」という同じ数字が別々の仲間に入っていることに気付かせる。

同じ数でも違う意味を持っている場合があることを押さえる。

位置や場所を表す数があることに気付かせる。

「ぼく，知っているよ。何階の何番目の部屋かを表しているんだよ。」

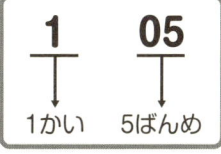

１ → 1かい
05 → 5ばんめ

「図書室の本だなの上の数字「１０５」も，そういう数字かもしれないね。」

（先生）数字は，物の値段や重さなどを表したり，物の位置や場所などを表したりすることができるんですね。
他にも，仲間になる数字はありますか？

（男子）一桁の数字。一の位の数字。

（女子）同じ「1」という数字の仲間。

1	かい
かいだん	

1	組
きょうしつの入り口	

（男子）入学式の「45」も仲間になるんじゃない？

だい	45	かい
にゅうがくしき		

（男子）そうか。どれも，必ず1から順番に増えていく数字だね。

（先生）数字には，順番や順序を表すものもあるんですね。

ポイント
以下のことを板書する。
「桁数でみる」
「値段や重さで表す」
「位置や場所を表す」

「桁数」と「値段」，「位置」は次元が違うので，二次元表になるように，板書の仕方を工夫する。

ポイント
「1」という数の共通点から，順序数の仲間づくりのきっかけを作る。
「第45回」が仲間に入るという意外性で児童の関心を引く。
児童から出てこなければ，教師から出してもよい。

ポイント
「位置」，「値段」，「順番」が並んで見える板書を心がける。

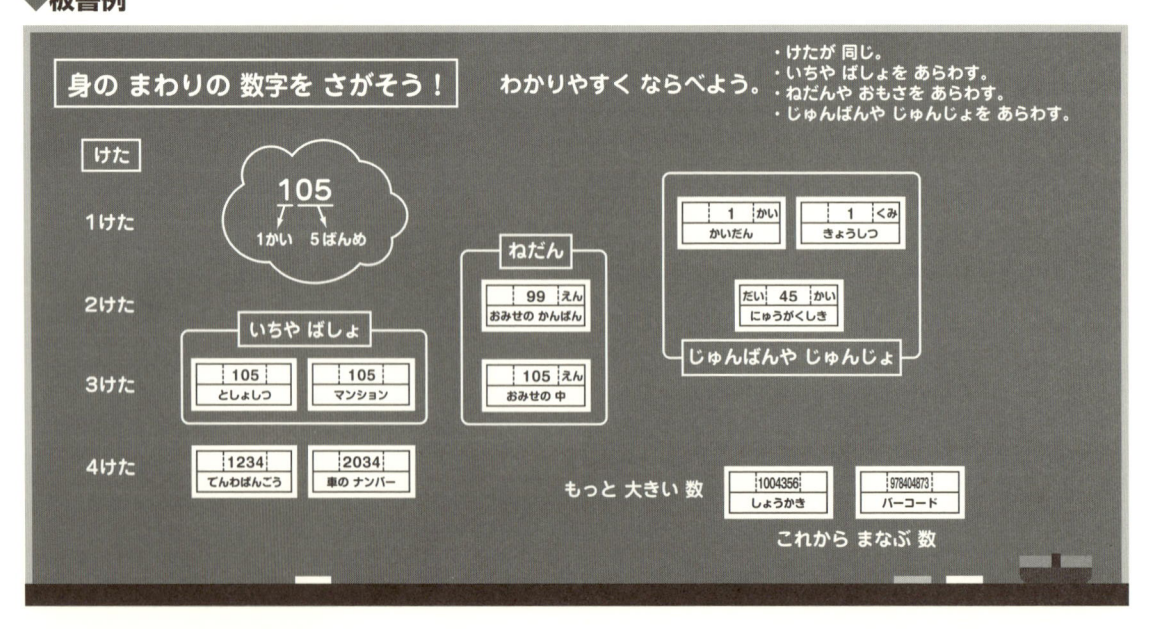

◆板書例

【板書例の内容】

身の まわりの 数字を さがそう！　　わかりやすく ならべよう。
・けたが 同じ。
・いちや ばしょを あらわす。
・ねだんや おもさを あらわす。
・じゅんばんや じゅんじょを あらわす。

けた
1けた： 105（1かい　5ばんめ）
2けた： いちや ばしょ　／　ねだん：99えん おみせの かんばん　／　1 かい かいだん，1 くみ きょうしつ，だい 45 かい にゅうがくしき（じゅんばんや じゅんじょ）
3けた： 105 としょしつ，105 マンション　／　105えん おみせの 中
4けた： 1234 てんわばんごう，2034 車の ナンバー

もっと 大きい 数： 1004356 しょうかき，978404873 バーコード
これから まなぶ 数

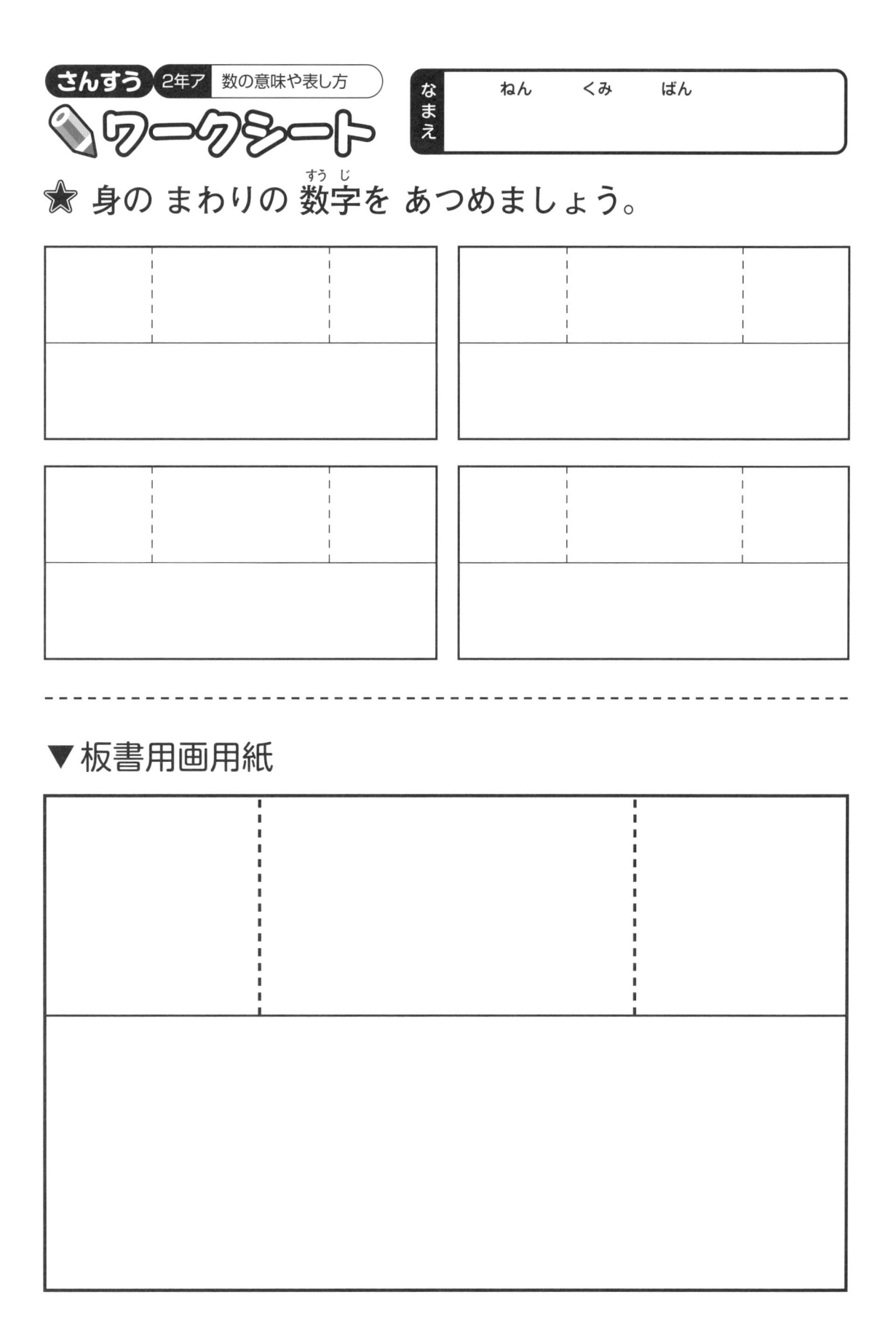

| さんすう | 2年ア | 数の意味や表し方 |

ワークシート

なまえ　ねん　くみ　ばん

★ 身の まわりの 数字（すうじ）を あつめましょう。

▼板書用画用紙

2年

九九表パズルを　かんせいさせよう

かけ算九九表

（東京都目黒区立中根小学校教諭　石川大輔）

◎算数的活動　イ（数と計算）
　乗法九九の表を構成したり観察したりして，計算の性質やきまりを見付ける活動

▶内容とねらい
　九九表を切り分けたパズルを使い，どこにどの部分を置くことができるか考えて，九九表を完成させていく活動を通して，乗数が1増えると積は被乗数分だけ増えることや，乗数と被乗数を交換しても積が同じになることについて理解する。

❶ 課題を把握する。

　ばらばらに　なった　九九表を　かんせいさせましょう。

❷ 4枚に分けられた部分をどのように組み合わせればよいのか話し合う。

どれをどこに置くことができるでしょうか。

あ
6	7	8	9
12	14	16	18
18	21	24	27
24	28	32	36
30	35	40	45

い
1	2	3	4	5
2	4	6	8	10
3	6	9	12	15
4	8	12	16	20
5	10	15	20	25

う
36	42	48	54
42	49	56	63
48	56	64	72
54	63	72	81

え
6	12	18	24	30
7	14	21	28	35
8	16	24	32	40
9	18	27	36	45

あのいちばん下の段は，30，35，40，45…。5ずつ増えているから，5の段かな。

数字の並び方を見てみると…
い	あ
え	う

かな。

❸ さらに細かくしたパズル（5の段まで）を考えて組み合わせる。

よくできましたね。
では，あといをさらにばらばらにして…
このパズルは解けるでしょうか。

準備
・ワークシート
（児童用，掲示用）

ポイント
　ワークシート①を左図のように切り分けて，ばらばらに掲示する。

ポイント
　❷では，活動の見通しをもたせたい。何をどこに置けばよいのか全体で話し合い，数字の位置や並び方に注目して考えればよいことに気付かせる。

ポイント
　完成した九九表を一度はずし，あといい（1の段～5の段）をばらばらにする。

▶この活動の流れ（1時間扱い）

※かけ算九九の1の段から9の段を学習した後，かけ算九九表の学習時に行う。

❶ 課題を把握する。（2分）
❷ 4枚に分けられた部分をどのように組み合わせればよいのか話し合う。（7分）
❸ さらに細かくしたパズル（5の段まで）を考えて組み合わせる。（10分）
❹ どの部分がどこに置けるかを，理由を明らかにして説明し合う。（10分）
❺ パズルを完成させるために注目すること（かけ算九九のきまり）をまとめる。（6分）
❻ 残りの部分（6の段以降）を組み合わせて，九九表パズルを完成させる。（10分）

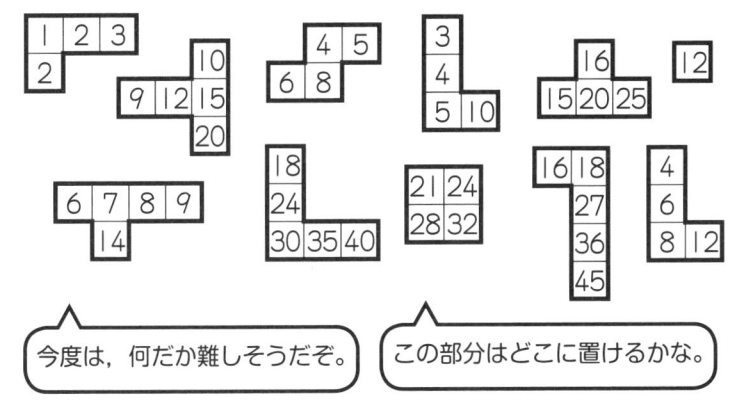

◀ワークシート②のⓐとⓘの部分（1の段～5の段）を配る。

ポイント
実際に操作させながら，どれをどこに置けるか考えさせる。

ポイント
全体の過半数が完成したら，作業を一度止めて，隣の児童同士で確認させる。

「今度は，何だか難しそうだぞ。」
「この部分はどこに置けるかな。」

❹ どの部分がどこに置けるかを，理由を明らかにして説明し合う。

「では，これからみんなでパズルを完成させていきましょう。組み合わせるときに，どうしてそこに置くことができるのか，説明しましょう。」

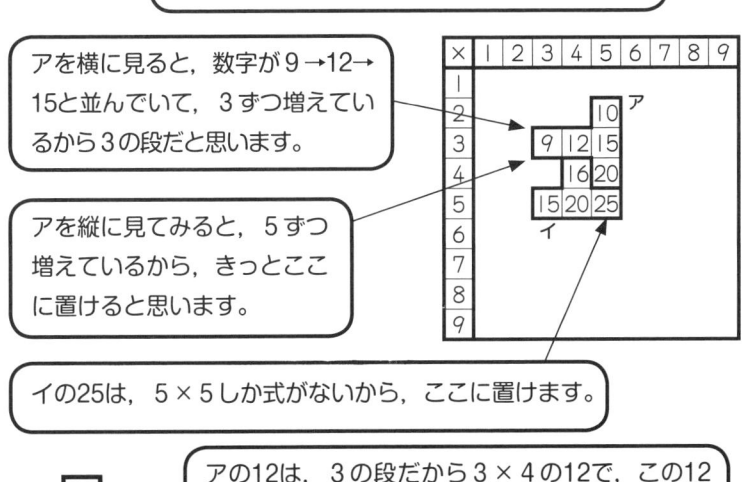

ポイント
どうしてそこに置けるのか，理由を明らかにして説明させることが大切である。児童がうまく説明できないときは，他の児童にその理由を考えさせて発表させるとよい。

ポイント
何をどの順に提示するかということが大切である。例えば，アを1番目に出して被乗数，乗数，積の関係に着目させたり，イを2番目に出して交換法則に気付かせたりさせたい。

「アを横に見ると，数字が9→12→15と並んでいて，3ずつ増えているから3の段だと思います。」

「アを縦に見てみると，5ずつ増えているから，きっとここに置けると思います。」

「イの25は，5×5しか式がないから，ここに置けます。」

「アの12は，3の段だから3×4の12で，この12は，4×3か2×6の12だと思います。」

❺ パズルを完成させるために注目すること（かけ算九九のきまり）をまとめる。

　九九表を正しく組み合わせていくには，どんなことに注目すればいいでしょう。

> よこに 見た ときに，いくつずつ ふえているかで 何のだんか わかる。

> いくつも しきが ある 数には ちゅうい。まわりの 数の ならびかたを よく 見て 考える。

> 1つしか しきが ない 数の 場所は 1かしょしか ない。

❻ 残りの部分（6の段以降）を組み合わせて，九九表パズルを完成させる。

　では，残りの部分を組み合わせて，九九表を完成させましょう。

×	1	2	3	4	5	6	7	8	9
1	1	2	3	4	5	6	7	8	9
2	2	4	6	8	10	12	14	16	18
3	3	6	9	12	15	18	21	24	27
4	4	8	12	16	20	24	28	32	36
5	5	10	15	20	25	30	35	40	45
6	6	12	18	24	30	36	42	48	54
7	7	14	21	28	35	42	49	56	63
8	8	16	24	32	40	48	56	64	72
9	9	18	27	36	45	54	63	72	81

ポイント
　あといが完成した時点で，一度まとめて，かけ算九九のきまりに注目させる。

ポイント
　うとえ（6の段～9の段）をばらばらにする。
　個別支援としてワークシート①のうとえ（6の段～9の段）を配ってもよい。

ポイント
　1，2ピースをわざと抜いておき，児童に九九表に入る数を考えさせたい。また，実態によって，81などの1箇所で分かってしまう数のところは空欄にしておいてもおもしろい。
◀ワークシート②のうとえの部分（6の段～9の段）を配る。

ポイント
　練習問題として，残りの部分を組み合わせて，九九表パズルを完成させる。
※他にも，九九表パズルの応用は児童同士で作成させたり，10の段以降のパズルを付け足したりしてもおもしろい。児童の実態に合わせて，教師が用意しておく。なお，パズルを作成するときは，4マスか5マスのピースにすると考えやすい。

◆板書例

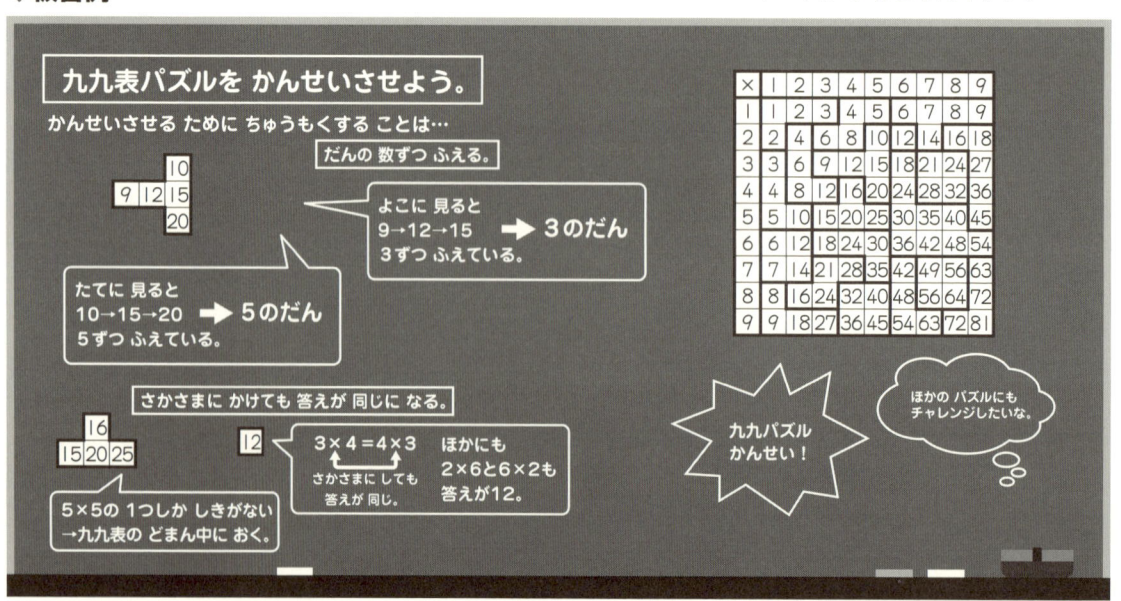

九九表パズルを かんせいさせよう。

かんせいさせる ために ちゅうもくする ことは…

だんの 数ずつ ふえる。

よこに 見ると
9→12→15 ➡ 3のだん
3ずつ ふえている。

たてに 見ると
10→15→20 ➡ 5のだん
5ずつ ふえている。

さかさまに かけても 答えが 同じに なる。

3×4＝4×3
さかさまにしても 答えが 同じ。

ほかにも
2×6と6×2も 答えが 12。

5×5の 1つしか しきがない
→九九のどまん中に おく。

九九パズル かんせい！

ほかの パズルにも チャレンジしたいな。

✏️ ワークシート 　算数　2年イ　かけ算九九表　　▼コピーしてお使いください。

① 九九表パズル（4つのピース）

1	2	3	4	5	6	7	8	9
2	4	6	8	10	12	14	16	18
3	6	9	12	15	18	21	24	27
4	8	12	16	20	24	28	32	36
5	10	15	20	25	30	35	40	45
6	12	18	24	30	36	42	48	54
7	14	21	28	35	42	49	56	63
8	16	24	32	40	48	56	64	72
9	18	27	36	45	54	63	72	81

② 九九表パズル（細かいピース）

1	2	3	4	5	6	7	8	9
2	4	6	8	10	12	14	16	18
3	6	9	12	15	18	21	24	27
4	8	12	16	20	24	28	32	36
5	10	15	20	25	30	35	40	45
6	12	18	24	30	36	42	48	54
7	14	21	28	35	42	49	56	63
8	16	24	32	40	48	56	64	72
9	18	27	36	45	54	63	72	81

※あらかじめ，児童用は，ばらばらに切っておく。他の児童のものと混在しないように，何色かの用紙に印刷しておくとよい。

▼パズルを並べる台紙

×		かける数								
		1	2	3	4	5	6	7	8	9
か け ら れ る 数	1									
	2									
	3									
	4									
	5									
	6									
	7									
	8									
	9									

2年

「ちょうど1m」を さがせ

長さ（m, cm, mm）

（東京都目黒区立中根小学校教諭　石川大輔）

◎算数的活動　ウ（量と測定）
身の回りにあるものの長さや体積について，およその見当を付けたり，単位を用いて測定したりする活動

▶内容とねらい
およその見当を付けて1mや1cm，1mmの長さに近いものを探し，その長さを実際にものさしで測る活動を通して，長さの意味と測定の考えについてとらえることができるようにするとともに，長さの普遍単位の大きさをとらえることができるようにする。

---

❶ 1mの見当を付けて，課題を把握する。

- この紙テープの長さは，どれくらいだと思いますか。
- 1mぐらいかな。
- もう少し長いような気がする。
- ものさしで長さを測ってみよう。 
- 分かった！ちょうど1mだ！ 
- 今日はみなさんと一緒に，このちょうど1mにいちばん近いところを探したいと思います。 

> 長さを はかって ちょうど1mに いちばん 近い ところを さがそう。

❷ 測定の仕方を復習し，活動の見通しをもつ。

- 測るときは，端を0に合わせることが大切だったな。
- 目盛りは大きいほうから小さいほうへと読むとよかった。（m→cm→mm）  
- 忘れないように，必ず記録を取っておこう。
- 2人で交互に確かめながら，正確に測りましょう。1mにいちばん近いものは何か。それでは，測り始めましょう。

準備
- 1mものさし
- 紙テープ
- 掲示用の画用紙
- ワークシート

ポイント❗
1mの紙テープを提示する。児童には，見た目で見当を付けさせる。また，実際に測定させる。

ポイント❗
ちょうど1□と板書する。そして児童のつぶやきから，□の中にmと書く。

◀ワークシートと1mものさしを配る。

ポイント❗
長さは，幅・深さ・高さ・周などがあることを押さえる。なお，身の回りで1mに近いものは，新聞紙の対角線，かけ時計の1周の長さ，机の半周などが考えられる。

ポイント❗
「①ちょうど1mだと思うところを予想する。→②測定する。→③記録する。」という一連の作業を確認する。

ポイント❗
活動はペアで測定と記録を交互に行わせる。しかし，実態によって1人で行わせてもよい。

▶この活動の流れ（1時間扱い）

※m，cm，mmの単位を学習した後に行う。

❶ 1mの見当を付けて，課題を把握する。（5分）
❷ 測定の仕方を復習し，活動の見通しをもつ。（5分）
❸ 身の回りにあるもの（場所）の長さをペアで正確に測定し，記録をとる。（10分）
❹ それぞれ1mにいちばん近いものをグループで発表し合い，最も1mに近かったところの名前と長さを紙に書く。（10分）
❺ 全体でどれがいちばん1mに近いか発表・検討する。（10分）
❻ どんなところが1mぐらいだったのかを振り返って実感し，1mという長さを理解する。（5分）

---

❸ 身の回りにあるもの（場所）の長さをペアで正確に測定し，記録をとる。

- おしい，1mまで届かなかった。長さは…95cm2mmだ。反対から目盛りを読むと…4cm8mmだ。  
- あれ，1mよりも長いぞ。どうやって測ろうかな。
- わたしのものさしを使って，2本をつなげて測ってみよう。  
- 曲がっていて測れないな。どうしよう。
- 紙テープを使うと，測りやすくなりますよ。  
- よし，それで測ってみよう。

❹ それぞれ1mにいちばん近いものをグループで発表し合い，最も1mに近かったところの名前とその長さを紙に書く。

- 2人で測ったところの中で，いちばん1mに近かったものを班で発表し合いましょう。そして，班の中で最も1mに近かったところの名前とその長さを紙に書きましょう。

ポイント！
・1m未満の場合は，反対から目盛りを読むとよいこと，1m以上の場合は，はみ出した部分の長さを測ることを伝える。
・mmの測定で誤差が出てくることが考えられるが，児童の発達段階を考慮して許容範囲を測定し，ある程度の誤差は認める。
・1m以上の長さを測定する場合は，どうやって測定するか児童に考えさせたい。なお，支援の手立てとして，1mのものさしを余分に用意しておく。
・曲線的な物を測定することは，長さの概念の理解をさらに深めることにつながる。そこで，児童が曲線的な物を測ろうとするときには，紙テープを用いて間接比較させる。なお，前時までに，自作の1m巻尺を作成していた場合は，それを用いてもよい。

ポイント！
班ごとに発表させ合い，およそ1mのところを確認させるとともに，全体で発表するものをいくつかに絞り込む。

ポイント！
紙の表に測ったところの名前，裏に長さを書くようにする。そして，表にして黒板に掲示する。

❺ 全体でどれが１ｍにいちばん近いか発表・検討する。

> それでは，どれがいちばん１ｍに近かったのか，見ていきましょう。まず，「教室の扉の横の長さ」です。これは１ｍよりも長いか，短いか，それともちょうどか，みなさんはどう思いますか。

| きょうしつの とびらの よこの 長さ | 裏返す → | 98cm 5mm |

> 先生も通れるから，長いと思う。

> あっ，短かったんだ。１ｍまであと１cm５mmたりない。

掲示したものについて，これを繰り返す。

❻ どんなところが１ｍぐらいだったのかを振り返って実感し，１ｍという長さを理解する。

> 今日はいろいろなものの長さを測りました。いちばん１ｍに近かったものは○○でしたね。他にもおよそ１ｍというと△△や□□のようなものがあるのですね。

> 次はもっと短い，ちょうど30cmのものを調べたいね。

> わたしは２ｍを調べてみたいな。

ポイント
　ここで，出された物や場所の長さが１ｍより長いか短いかを児童に考えさせたい。そうすることで１ｍという普遍単位の長さを感覚的にとらえられるようにする。
　また，発表者には，１ｍよりもどれだけ長かったのか，もしくは短かったのかを発表させる。

ポイント
　自分たちの生活経験を想起できる物（場所）のときは，その児童の体験を発表させたい。

ポイント
　１ｍより長いものや曲線的なものを測った場合は，その測り方も紹介させる。

ポイント
　板書から，いちばん近かったものを決定させる。

◆**板書例**

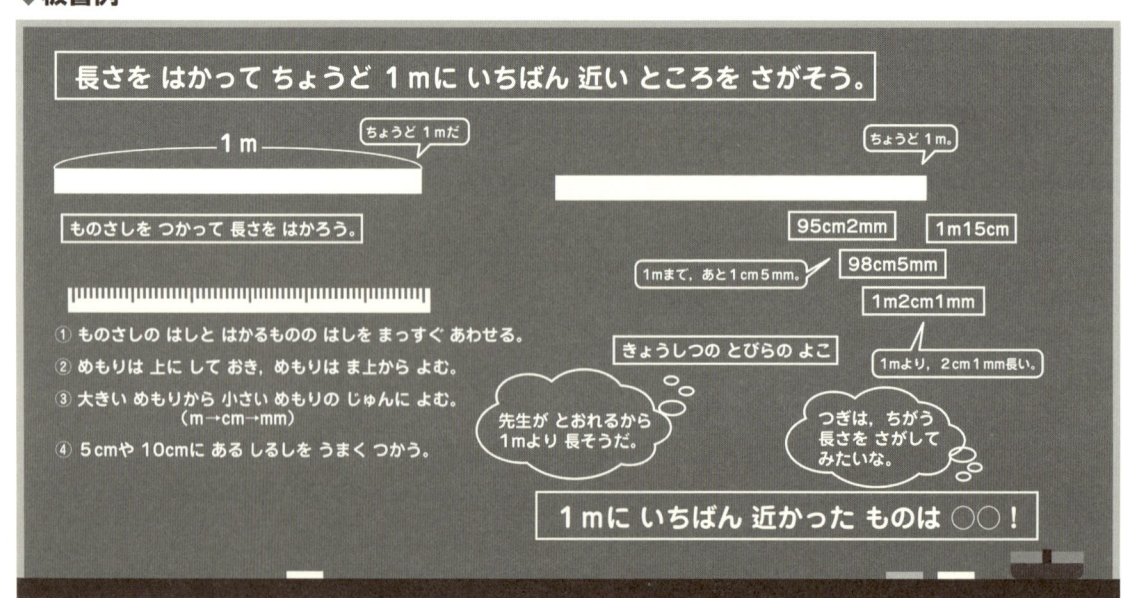

長さを はかって ちょうど １ｍに いちばん 近い ところを さがそう。

━━━━━ １ｍ ━━━━━　ちょうど １ｍだ　　　　　　　　　　　　　　　　　　　ちょうど １ｍ。

ものさしを つかって 長さを はかろう。

　　　　　　　　　　　　　　　　　　　　　　　　95cm2mm　　1m15cm
　　　　　　　　　　　　　　　　　　1mまで，あと１cm５mm。　98cm5mm
① ものさしの はしと はかるものの はしを まっすぐ あわせる。　　　　　　　1m2cm1mm
② めもりは 上に して おき，めもりは ま上から よむ。
③ 大きい めもりから 小さい めもりの じゅんに よむ。　　きょうしつの とびらの よこ　　1mより，２cm1mm長い。
　（ｍ→ｃｍ→ｍｍ）
④ ５cmや10cmに ある しるしを うまく つかう。

> 先生が とおれるから１ｍより 長そうだ。

> つぎは，ちがう長さを さがしてみたいな。

１ｍに いちばん 近かった ものは ○○！

さんすう 2年ウ 長さ（m,cm,mm）

ワークシート

なまえ　ねん　くみ　ばん

はかった ところ	長　さ	1mまで あと ○cm○mm

▼ グループの 中で いちばん 1mに 近かった ところ

はかった ところ	長　さ	1mまで あと ○cm○mm

▼ クラスの 中で いちばん 1mに 近かった ところ

はかった ところ	長　さ	1mまで あと ○cm○mm

2年 大きさの ちがう 正方形は

正方形・長方形・直角三角形

（筑波大学教授　坪田耕三）

◎算数的活動　エ（図形）
正方形，長方形，直角三角形をかいたり，作ったり，それらで平面を敷き詰めたりする活動

▶内容とねらい
格子状に並んだ点を結んでできる正方形について考える。

ジオボードに 正方形を 作ろう！

❶ 小さいジオボードに正方形を作る。

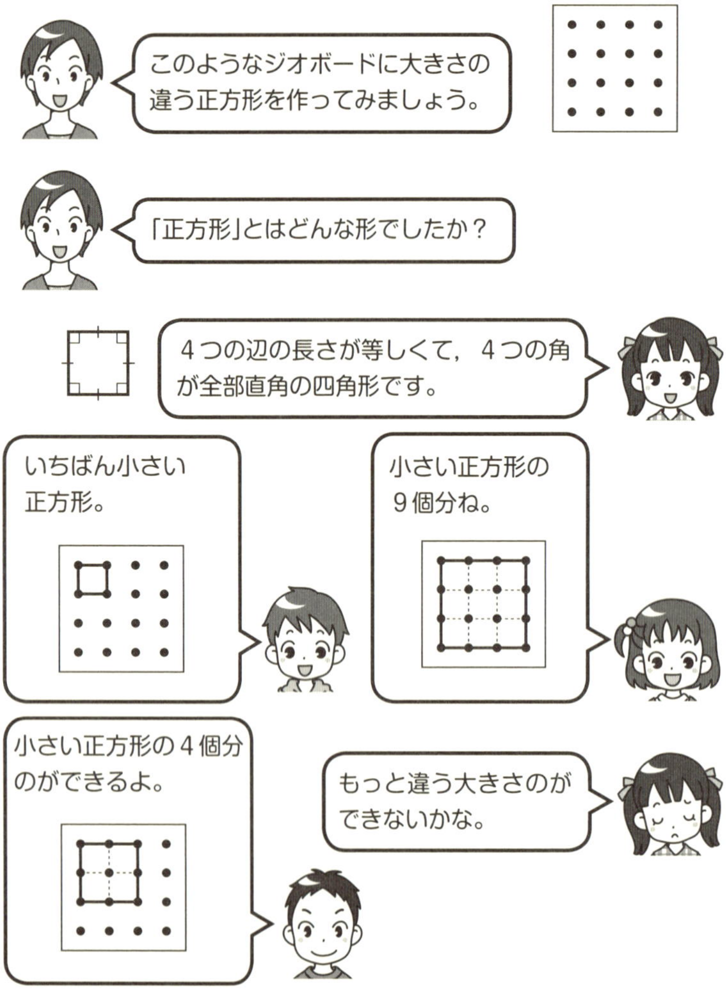

> このようなジオボードに大きさの違う正方形を作ってみましょう。

> 「正方形」とはどんな形でしたか？

> 4つの辺の長さが等しくて，4つの角が全部直角の四角形です。

> いちばん小さい正方形。

> 小さい正方形の9個分ね。

> 小さい正方形の4個分のができるよ。

> もっと違う大きさのができないかな。

準備
・4×4のジオボード
・輪ゴム
・ドットプリント
・6×6のジオボードまたはドットプリント

ポイント
「正方形」の定義を思い起こさせる。

ポイント
ジオボードがない場合はドットプリントでもよい。

ポイント
一番小さい正方形の大きさを「1」単位として表すとわかりやすい。

▶ **この活動の流れ（1時間扱い）**
❶ 小さいジオボードに正方形を作る。（10分）
❷ 見方を変えて正方形を作る。（15分）
❸ 格子点の数を増やしたジオボードで考える。（20分）

❷ 見方を変えて正方形を作る。

ななめにしてもいいでしょうか？

これは小さい正方形の2個分ね。

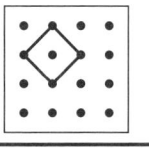

動かしてみると，小正方形2個分で分かりやすい！

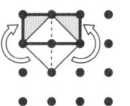

もっとななめにしてみたら？

こんなのができた！

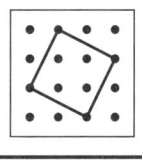

動かしてみると，小正方形5個分だと分かります！

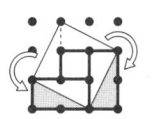

ポイント
単位正方形のいくつ分の大きさになっているのかが説明できるとよい。

ポイント
{1, 2, 4, 5, 9}の5種類の正方形ができる。

ポイント
できた正方形をドットプリントにかきうつしておく。

❸ 格子点の数を増やしたジオボードで考える。

今度は点の数がもっと多くなったジオボードを使って考えてみよう！

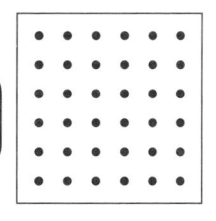

ポイント
6×6のジオボード上で考えてみる。
ジオボードがない場合はドットプリントだけでもよい。

第4章

2年

> 3つの方法に分けて考えたら，たくさん見つかるかもしれません。

① 平らに作った正方形
② ななめに作った正方形
③ もっとななめに作った正方形

> いいアイデアですね。
> ではまず①から考えるとどうかな？

> 大きさが{ 1 , 4 , 9 , 16 , 25}の5種類できます！

> では，次は②のななめに作る正方形ですね。これはどんなのができるかな。

> この2つです。
>
> 大きさは小さい方が2個分の大きさ。大きい方は，このように考えれば8個分の大きさだと分かります。

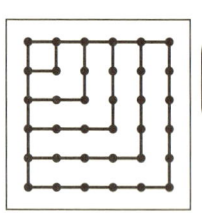

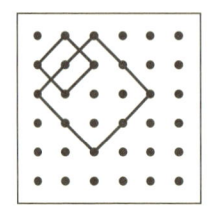

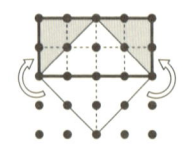

ポイント
　作り方のアイデア別に分類して考えるとよい。

ポイント
　児童に自由に作らせる。

ポイント
　1×1，2×2，3×3，4×4，5×5の5種類の正方形ができる。

ポイント
　ドットの単位正方形を1の大きさと約束しておく。

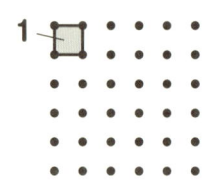

さて、③の「もっとななめに作った正方形」はできますか。

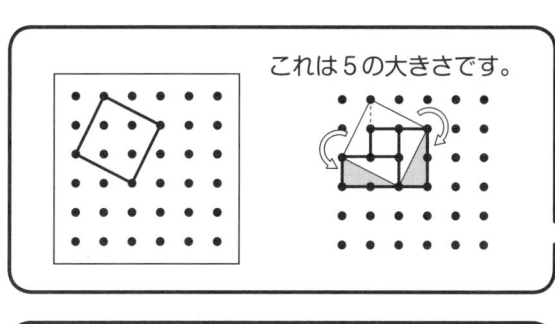

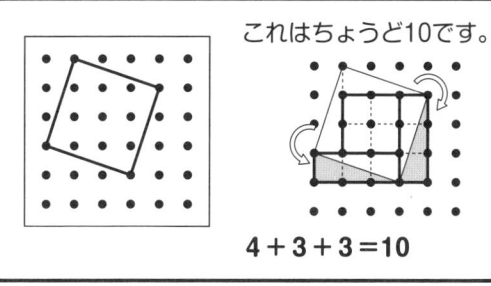

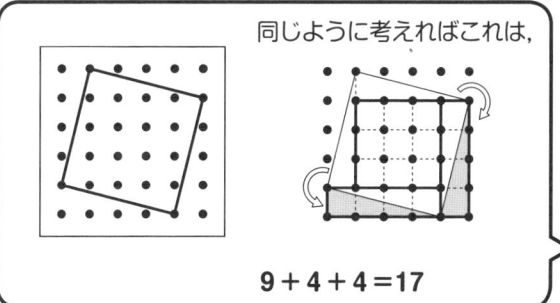

これは5の大きさです。

これはちょうど10です。
4 + 3 + 3 = 10

同じように考えればこれは、
9 + 4 + 4 = 17

{ 5, 10, 17 }の正方形ができました。

輪ゴムのかけ方を工夫すると、いろいろな大きさの正方形ができることが分かりましたね。

ポイント
試行錯誤して作らせる。

ポイント
作った正方形の大きさについてできるだけ論理的に説明させる。

ポイント
これらの形が「正方形」であることもできるだけ説明させる。

辺が等しいことは、例えば

図のような長方形の対角線であることを使える。

直角であることを論理的に説明するのは、この学年では難しいので、紙を折って作った直角をあてて確かめさせるとよい。

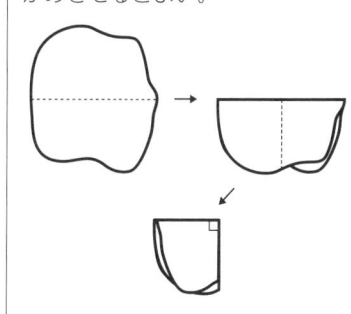

2年 どんな 計算に なるかな

たし算とひき算

（学習院初等科教諭　大澤隆之）

◎ 算数的活動　オ（数量関係）
　加法と減法の相互関係を図や式に表し，説明する活動

▶内容とねらい
　たし算やひき算の逆思考の問題で，問題場面をテープの図に表したり，問題文の通りに□を使った式に表したりする活動を通して，問題の構造を明らかにする力を養う。

第4章 2年

❶ 問題を理解する。

> はじめに りんごが 8こ ありました。
> ともだちから 6こ もらいました。
> りんごは ぜんぶで いくつに なったでしょう。

先生：お話の通りに，テープの図に表します。お話をしながら，テープを置きましょう。

テープを置く。

先生：式と答えを言いましょう。

子：8＋6＝14　答え　14個

先生：では，次の問題を解きましょう。

> はじめに りんごが □こ ありました。
> ともだちから 5こ もらったら，ぜんぶで 12こに なりました。りんごは はじめに いくつ ありましたか。

先生：たし算で解けますか，ひき算で解けますか。

子：「もらった」とか「ぜんぶで」とか書いてあるから，たし算かな。

子：でも，ひき算で答えが出せそうだな。

準備
・テープ図のもとになる紙テープ 2本（違う長さのもの）
・黒板に貼るテープ図
（板書してもよい。）

◀テープを2本渡す。
　テープで何を表したらよいかを考えさせる。

ポイント
　たし算になるのか，ひき算になるのか，わけを必ず考えさせる。しかし，ここでは決着をつけず，図に表したり式に表したりするきっかけとしての話し合いにする。

▶ **この活動の流れ（1時間扱い）**

※この活動は，「たし算とひき算」の単元の導入として扱う。

❶ 問題を理解する。（10分）
❷ 問題場面をテープ図に表す。（5分）
❸ なぜその図に表せるかを説明する。（10分）
❹ □を使った式を書く。（7分）
❺ 全員で問題を解決する。（6分）
❻ 新しい問題を解く。（7分）

❷ 問題場面をテープ図に表す。

お話の通りにテープの図を作ってみましょう。
まず，2本のテープを置いて考えましょう。

最初にいくつかあったのを，長いテープにしよう。5個を表すのは…。

次のテープを右に置こう。

❸ なぜその図に表せるかを説明する。

なぜ，そのように置いたのですか。
隣の人に説明しましょう。

全部で12個というのは，何個かと5個を合わせたものだから，たし算の形です。

りんごがいくつかあったのが左のテープです。
5個もらったのが右のテープです。

◀ ワークシートを配る。

ポイント
最初に置くテープの長さは問わない。たし算の形に置けるようにさせたい。

ポイント
置いたわけを「なぜ？」と問いかけ，わけの説明を全員にさせたい。

ポイント
説明が終わったら，テープ図をワークシートにかかせる。

ポイント
児童のつぶやきや考えを黒板に残すようにする。大切な言葉には，まとめのときに色チョークで印を付ける。

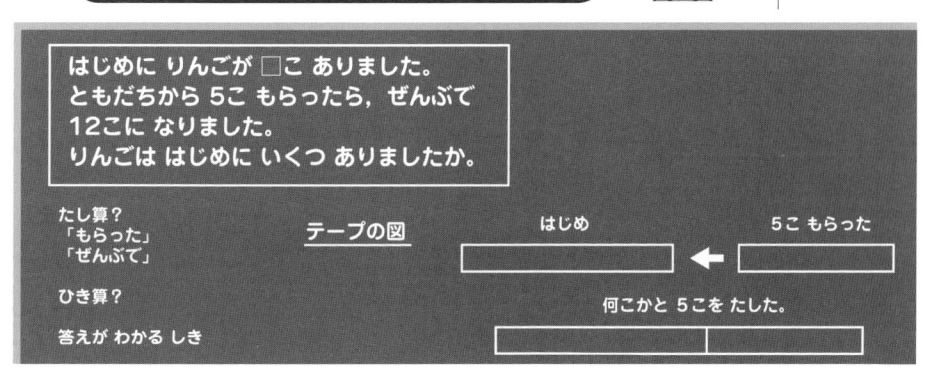

はじめに りんごが □こ ありました。
ともだちから 5こ もらったら，ぜんぶで 12こに なりました。
りんごは はじめに いくつ ありましたか。

たし算？
「もらった」
「ぜんぶで」

ひき算？

答えが わかる しき

テープの図　　はじめ　　　　　　　5こ もらった

何こかと 5こを たした。

❹ □を使った式を書く。

> では，式をお話の通りに書いてみましょう。

> 書けないなあ。だって，最初にいくつあったかが分からないもの。計算してから書こうかなあ。

> １２－５＝７ ひき算で書いたら，お話の通りではなくなってしまうなあ。

> □を使えば書けそうだぞ。

> そうですね。いくつあるか分からない数を□として表せば，お話の通りの式が書けます。書いてみましょう。

□＋５＝１２

５＋□＝１２

> ５＋□＝１２だと，お話の通りじゃないと思います。

ポイント
「お話の通り」という条件で式を書くように児童に考えさせる。それがひき算ではないことがわかるようにする。

ポイント
ここでは，時間的経過があるので，□＋５＝１２がよい。
１２－５＝□はお話の通りではないことを話し合う。

ポイント
児童のノートには，①問題，②テープ図，③□を使った式，④答えを求める式，⑤答え　が書かれるように指導する。
余裕のある児童には，他の児童の意見をメモさせてよい。

❺ 全員で問題を解決する。

> では，答えを求める式を書いて，答えを求めましょう。

１２－５＝７
答えは７個です。

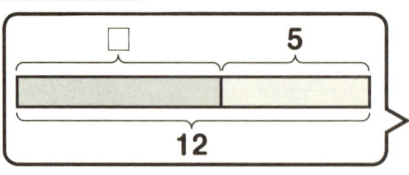

（テープ図：□ ５ ／ １２）

❻ 新しい問題を解く。

> 次の問題を，図をかいてから解きましょう。

　はじめに りんごが ６こ ありました。
　ともだちから □こ もらったら，ぜんぶで １５こに
　なりました。りんごは はじめに いくつ ありましたか。

ポイント
ノートに図と式を書かせる。できるだけ，はじめに解き方が分からなかった児童に発表させたい。

6	□
15	

6＋□＝15　15－6＝9　答え　9個

ポイント
　式の数とお話と図を結び付けられるように指導する。

◆ 板書例

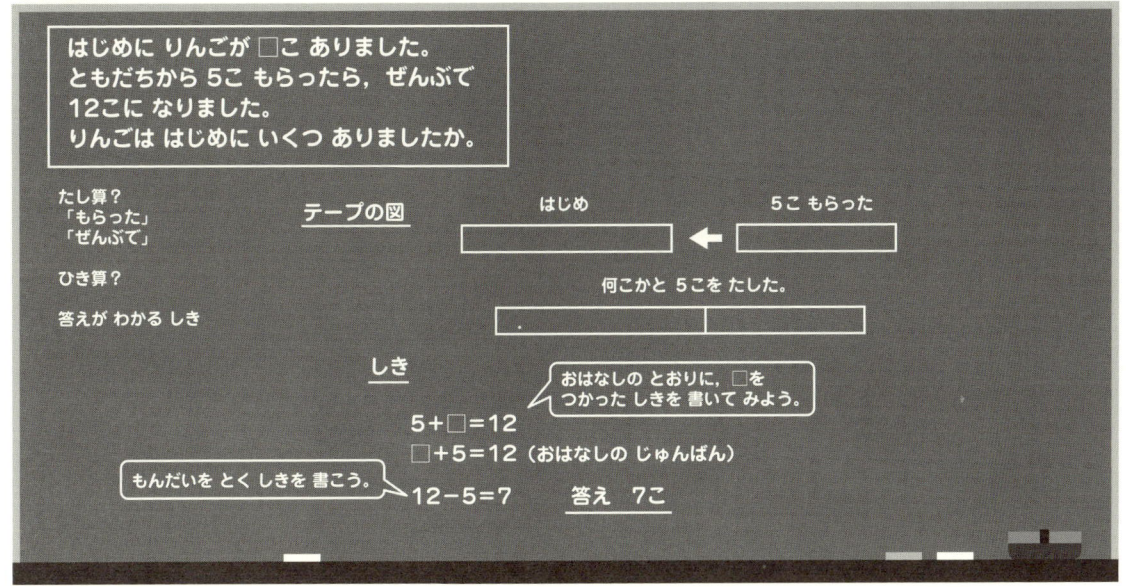

> はじめに りんごが □こ ありました。
> ともだちから 5こ もらったら，ぜんぶで
> 12こに なりました。
> りんごは はじめに いくつ ありましたか。

たし算？
「もらった」
「ぜんぶで」

ひき算？
答えが わかる しき

テープの図

| はじめ | ← | 5こ もらった |

何こかと 5こを たした。

しき

おはなしの とおりに，□を
つかった しきを 書いて みよう。

5＋□＝12
□＋5＝12（おはなしの じゅんばん）

もんだいを とく しきを 書こう。
12－5＝7　　答え　7こ

さんすう　2年オ　たし算とひき算
ワークシート

なまえ　ねん　くみ　ばん

> はじめに りんごが □こ ありました。
> ともだちから 5こ もらったら，ぜんぶで 12こに
> なりました。りんごは はじめに いくつ ありましたか。

〔テープの図〕

〔おはなしの とおりの しき〕

〔答えを もとめる しき〕

答え（　　　　　　　　　）

69

3年 この計算，まちがっているよ
大きな数のたし算

（学習院初等科教諭　大澤隆之）

◎算数的活動　ア（数と計算）
整数，小数及び分数についての計算の意味や計算の仕方を，具体物を用いたり，言葉，数，式，図を用いたりして考え，説明する活動

▶内容とねらい
2年で学習した2位数の加法をもとにして，繰り上がりのある3位数の加法の仕方を，自分たちで考え，説明する。

---

❶ 繰り上がり1回の問題を自力で解く。

> 153＋274の筆算をしましょう。

```
  1 5 3
＋ 2 7 4
```

（女の子）「繰り上がりが難しそうだね。」

「327」「427」の答えが出てくることが想定される。

❷ 誤答について，間違いの「わけ」を説明する。

（先生）「下のように計算した人がいました。このやり方の説明を考えましょう。」

```
  1 5 3
＋ 2 7 4
─────
  3 2 7
```

（女の子）「間違っているんじゃないかなぁ。」 
（男の子）「ぼくはこのやり方だよ。」

（先生）「なぜ間違いなのですか。また，なぜ正しいのですか。隣の人に説明しましょう。」

準備
・ワークシート①②
・黒板掲示用磁石

◀ワークシート①を配る。

ポイント
間違える児童がいなくても，誤答例を示す。
5＋7をすると12になり，繰り上がることを指摘させる。最初はやり方の説明になることが多い。「繰り上がり」の意味に気が付くようにさせる。

ポイント
説明の機会を多くの児童に与えるために，まず隣同士で説明させる。

▶ **この活動の流れ（1時間扱い）**

❶ 繰り上がり1回の問題を自力で解く。（5分）
❷ 誤答について，間違いの「わけ」を説明する。（10分）
❸ 繰り上がり3回の問題を自力で解く。（5分）
❹ ワークシートに説明を書く。（5分）
❺ グループで説明し合う。（8分）
❻ 全員の前で説明し，共通点を見付ける。（7分）
❼ 練習問題をする。（5分）

「5 + 7は12だから，十の位に2を書きます。そして，1と2をたして，それに繰り上がってきた1をたします。」

> 5 + 7は，本当はどういう意味でしょうか。「繰り上がる」とはどういうことでしょうか。

「5 + 7は50 + 70のことだから，120になります。百のかたまりが1つできるから，百の位に1繰り上がります。」
「1 + 2は100 + 200のことだから，300になります。」
「それにさっきの百のかたまりが1つあるから，400になります。」
「だから百の位は4です。」

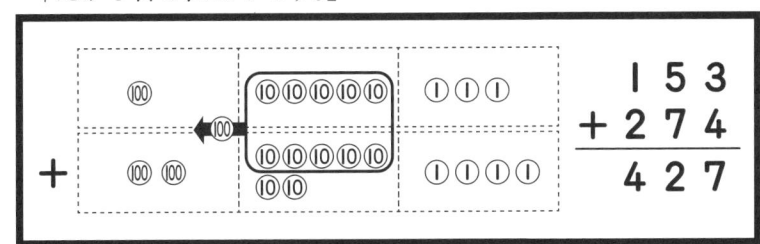

```
  1 5 3
+ 2 7 4
―――――
  4 2 7
```

❸ 繰り上がり3回の問題を自力で解く。

> 568 + 437の筆算は，どのようにしたらよいでしょうか。筆算をしてから，意味の説明をワークシートに書きましょう。

```
  5 6 8
+ 4 3 7
―――――
1 0 0 5
```

```
  5 6 8
+ 4 3 7
―――――
1 0 9 5
```

```
  5 6 8
+ 4 3 7
―――――
  9 0 5
```

ポイント

5 + 7の本当の意味は50 + 70。それを問う。
「やり方を説明しましょう」と指示すると，「5と7をたすと繰り上がって，百の位に1をたす」といった「計算の仕方」の説明をしてしまうので，「10が10個集まったから，百が1個できて繰り上がる」という「意味」の説明をするように促す必要がある。

ポイント

図にかかせる。時間のある児童には，説明も書かせる。
「やり方」と「意味」の違いが分かるように指導する。

◀ワークシート②を配る。

❹ ワークシートに説明を書く。

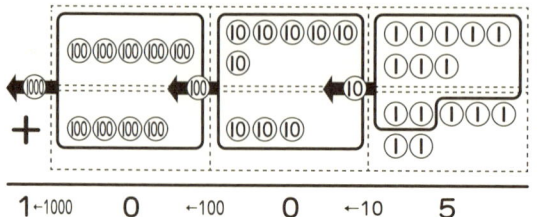

```
    568
  + 437
   1005
```

> ポイント
> 「100が10個集まって1000になる。」「だから千の位に1を書き入れる。」とつなげることができるように指導する。

〈説明〉
・8と7をたして15。だから，一の位に5を書く。
・十の位に1繰り上がったということは，10が1つ増えたことになるから，10の数は6＋3＋1で10個。十の位には，何もないのだから0を書く。
・10が10個で100が1つ増えたのだから，100の数は5＋4＋1で10個。100が10個で1000が1個できる。
・だから，1が5個，1000が1個で，1005になる。

> ポイント
> 説明を書くことにより間違いに気付かせたいが，気付かなくてもそのままにする。

❺ グループで説明し合う。

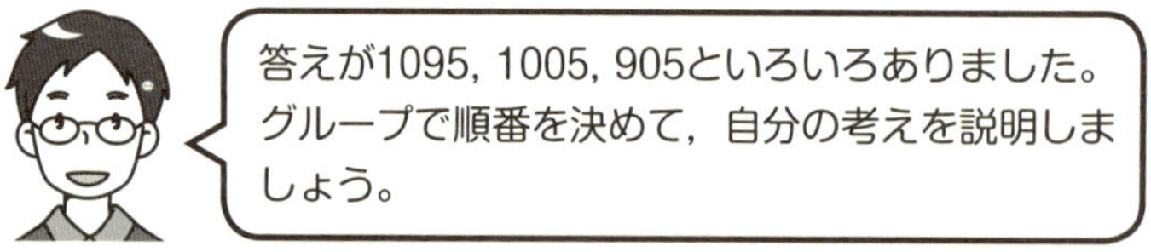

> 答えが1095, 1005, 905といろいろありました。グループで順番を決めて，自分の考えを説明しましょう。

> ポイント
> 誤答があることを示し，自分の考えを説明することが大切だということを自覚させる。
> 全員に説明させるため，2人組から4人組で発表し合う。
> ここで，自分の説明の付け足しを書かせ，表現力を補う。

❻ 全員の前で説明し，共通点を見付ける。
　…発表が終わってから

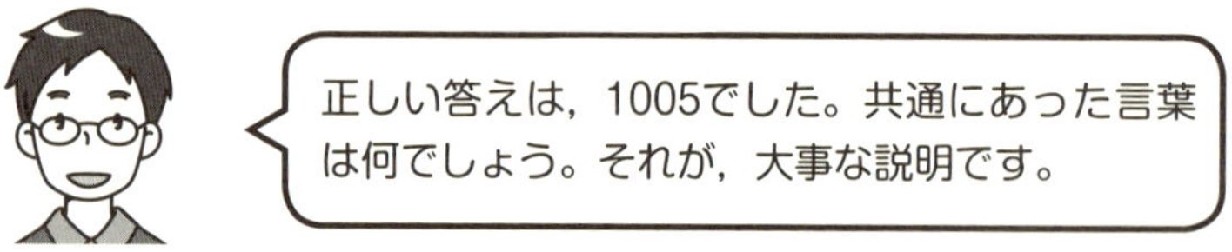

> 正しい答えは，1005でした。共通にあった言葉は何でしょう。それが，大事な説明です。

> 「10が10個集まって100になる。」
> 「だから百の位に1をたす。」

> ポイント
> やり方の説明ではなく，意味の説明になるように指導する。

> ポイント
> 説明に欠かせない重点を意識させる。ポイントは，繰り上がりの説明である。

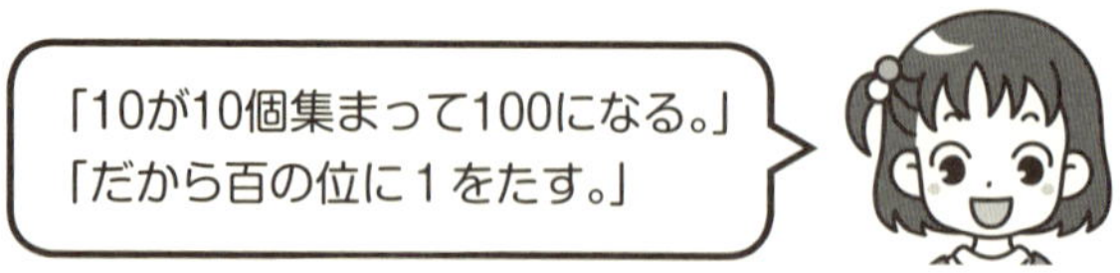

❼ 練習問題をする。

```
①   517       ②   259
  + 293         + 741
```

| 算数 | 3年ア | 大きな数のたし算 |

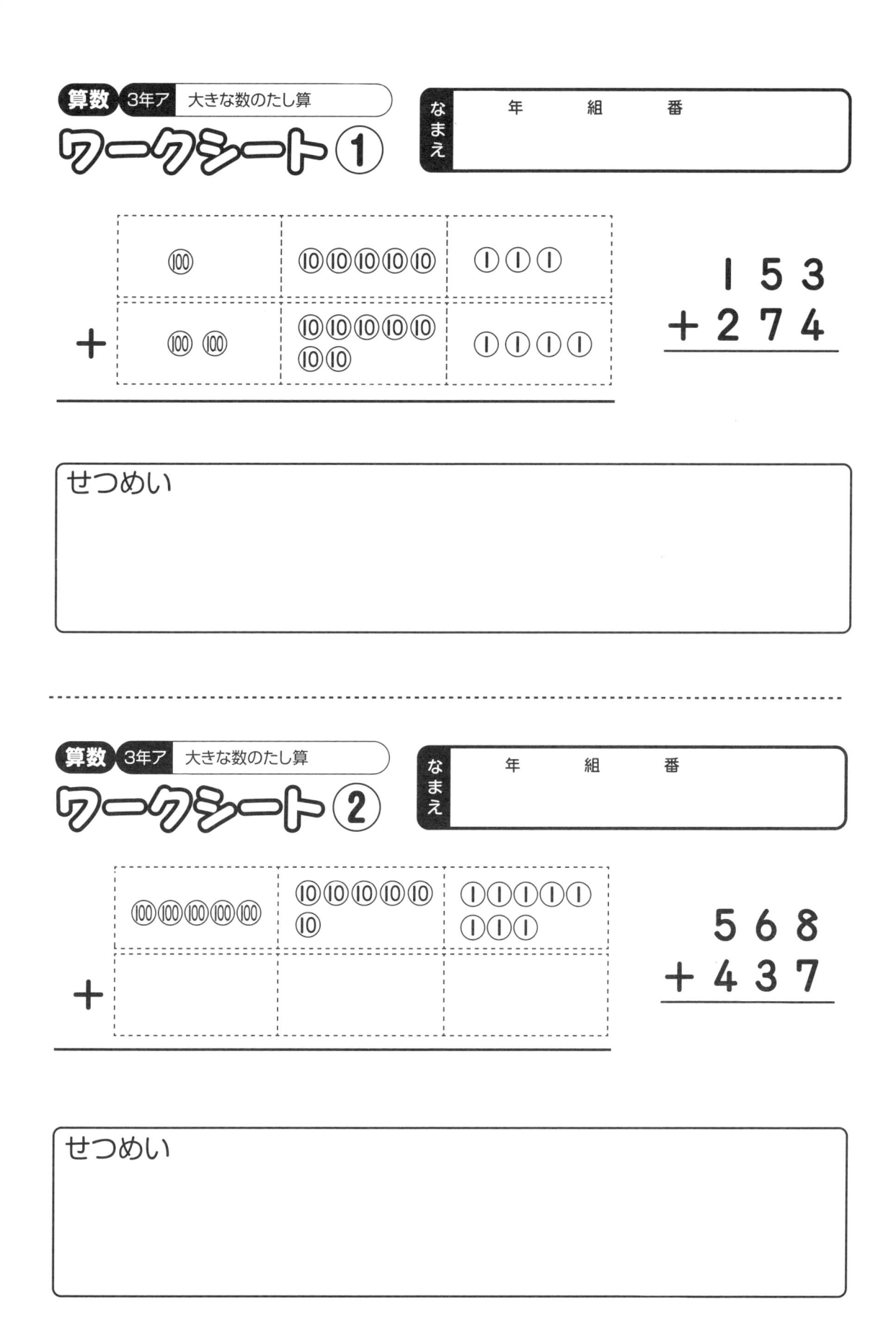

ワークシート①

なまえ　年　組　番

	百	十	一
	⑩	⑩⑩⑩⑩⑩	①①①
＋	⑩⑩	⑩⑩⑩⑩⑩⑩⑩	①①①①

```
  1 5 3
＋ 2 7 4
―――――
```

せつめい

| 算数 | 3年ア | 大きな数のたし算 |

ワークシート②

なまえ　年　組　番

	百	十	一
	⑩⑩⑩⑩⑩	⑩⑩⑩⑩⑩⑩	①①①①①①①①
＋			

```
  5 6 8
＋ 4 3 7
―――――
```

せつめい

3年 どっちが大きいの？

小数と分数

（白百合学園小学校教諭　北原美和子）

◎算数的活動　イ（数と計算）
小数や分数を具体物，図，数直線を用いて表し，大きさを比べる活動

▶内容とねらい
小数と分数の大きさを同じ数直線上に表すことで，小数と分数の大きさを簡単に比べることができることを知る。

---

❶ 問題の理解。

> ゆり子さんは，$\frac{2}{10}$mのリボンを持っています。
> お姉さんは，0.5m持っているそうです。
> 長いリボンを持っているのは，どちらでしょう。

- ゆり子さんは分数，お姉さんは小数だから比べられないな。  
- 今までに勉強したことを使って，考えられないでしょうか。
- 図に表すことはできるかな。

❷ 図にかき表す。

- 1mのリボンがかかれたワークシートを使って，考えてみましょう。
- 1mをもとにして，ゆり子さんとお姉さんそれぞれのリボンの長さを書いてみようかな。

❸ 小数・分数それぞれの図の意味を説明し，理解する。

●ゆり子さんのリボン

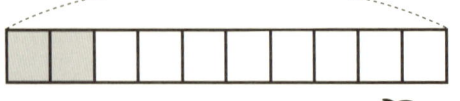

- ゆり子さんのリボンの長さを，色をぬって表しました。
- $\frac{2}{10}$mだから，1mを10等分した2つ分ということでいいですね。  

準備
・ワークシート①②
・1mのテープ図
　（黒板掲示用）

◀ワークシート①を配る。

ポイント
小数・分数どちらも10等分し，かき表すプロセスを大切にしたいので，定規で測ったり，紙を折ったり等の作業をしてもよいことにする。

ポイント
児童の発表した方法を掲示用のテープ図で表し，黒板に掲示しておく。

▶この活動の流れ（1時間扱い）

※小数・分数の学習内容を終えてから，まとめとしてこの授業を行う。

❶ 問題の理解。（5分）
❷ 図にかき表す。（5分）
❸ 小数・分数それぞれの図の意味を説明し，理解する。（10分）
❹ 図の共通点を話し合い，同一の数直線に大きさを表す。（12分）
❺ 練習問題をする。（10分）

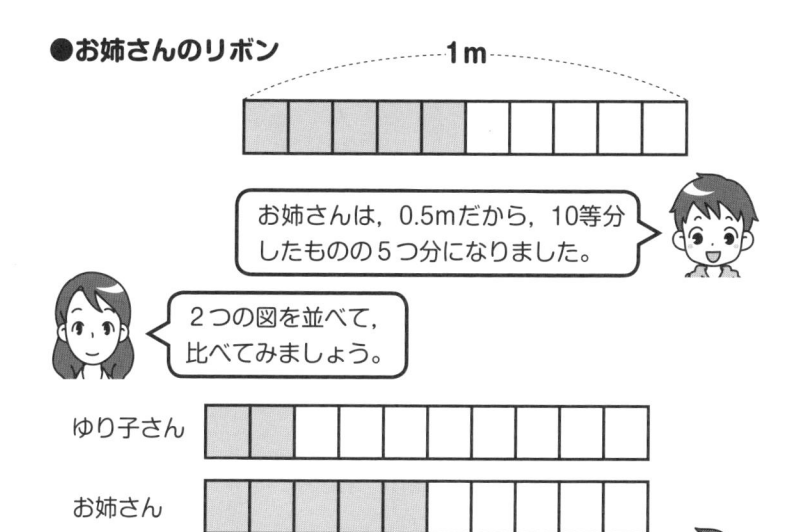

●お姉さんのリボン

お姉さんは，0.5mだから，10等分したものの5つ分になりました。

2つの図を並べて，比べてみましょう。

ゆり子さん
お姉さん

お姉さんのほうが長いです。

❹ 図の共通点を話し合い，同一の数直線に大きさを表す。

分数と小数で比べられないと言っていましたが，どうでしたか。

分数と小数だけれど，そっくりな図になりました。

両方とも，1mを10等分して，そのいくつ分かを表しているので，同じことをしています。

同じことをしているから，分数と小数でも大きさを比べることができるんだね。
$\frac{1}{10}$とは，0.1のことだ。

ポイント
掲示したテープ図を張り替えるなどして並べて比較できるようにする。

ポイント
小数・分数の大きさを図を介して比べることから，同一の数直線上に表すことでさらに簡単に比較できることを経験させる。
小数第1位までの小数と，分母が10の真分数の共通点について，児童の気付き・感想等の発言を適宜板書する。

テープのような図でなくても，それぞれの大きさをひと目でわかるように表すことはできるでしょうか。数直線の上に大きさを表してみましょう。

1mを10等分して，同じ目盛りだと思えばいいね。

では，ワークシート②の数直線の上に，分数の数直線と見て，ゆり子さんのリボンの長さの数を書き入れましょう。次に，同じ数直線の下に，小数の数直線と見て，お姉さんのリボンの長さの数を書き入れましょう。

◀ワークシート②を配る。

ポイント

ワークシートのひと目盛りが $\frac{1}{10}$，0.1にあたることを確認し，$\frac{2}{10}$ と0.5の大きさのところに数を書き込む。

❺ 練習問題をする。

では，ワークシート②の数直線で，空欄になっているところにあてはまる数を，分数，小数それぞれで書き入れましょう。また，分数と小数の大きさ比べをしましょう。

ポイント

分母が10でない分数（$\frac{1}{2}$, $\frac{1}{4}$ 等）もテープ図を用いて折る活動を取り入れることで，大小比較することも可能であるので（「半分は $\frac{1}{2}$，半分の半分は $\frac{1}{4}$」），実態に応じて $\frac{3}{4}$ と0.5の比較を扱うこともできる。
※ワークシート②の②は，等号，不等号が未習の場合，適切な文言におきかえて使用して下さい。

◆板書例

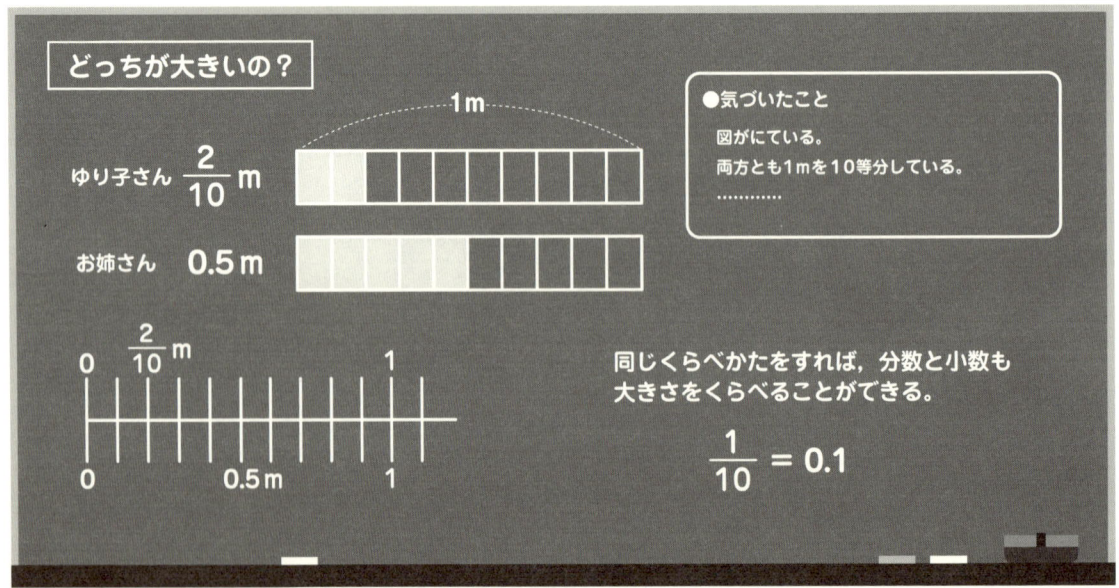

| どっちが大きいの？ |

ゆり子さん $\frac{2}{10}$ m

お姉さん 0.5 m

●気づいたこと
図がにている。
両方とも1mを10等分している。
………………

同じくらべかたをすれば，分数と小数も大きさをくらべることができる。

$\frac{1}{10}$ = 0.1

算数 3年イ 小数と分数

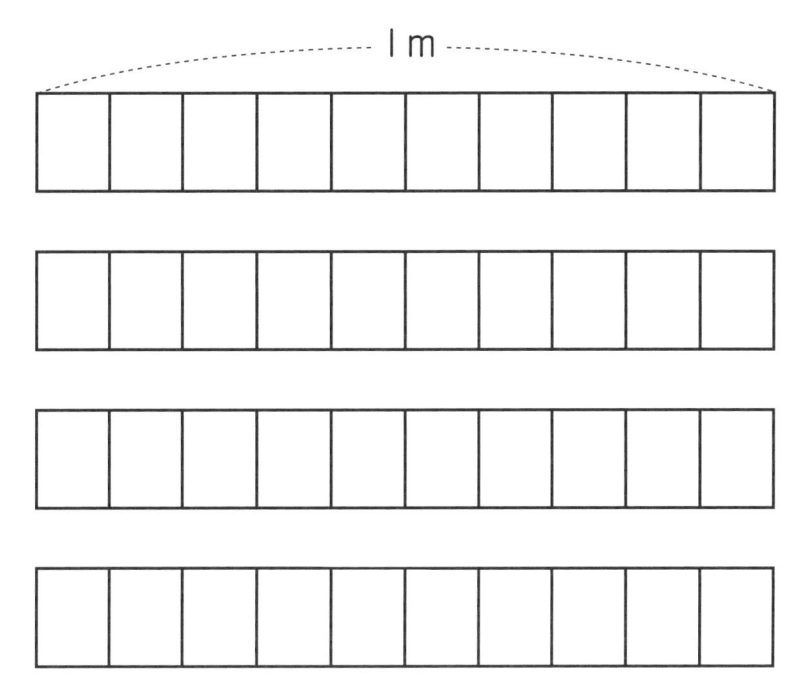

ワークシート①

なまえ　年　組　番

―――― 1m ――――

算数 3年イ 小数と分数

ワークシート②

なまえ　年　組　番

1

分数　0 ( )( )( )( )( )( )( )( )( ) 1

小数　0 ( )( )( )( )( )( )( )( )( ) 1

2 次の数の大きさをくらべて，( )に等号か不等号をかきましょう。

① 0.8 ( ) $\frac{7}{10}$

② $\frac{4}{10}$ ( ) 0.2

③ $\frac{3}{10}$ ( ) 0.3

④ $\frac{6}{10}$ ( ) 0.5

3年 いろいろな単位

「長さ」「体積」「重さ」の単位の関係 （東京学芸大学附属小金井小学校教諭　高橋丈夫）

◎算数的活動　ウ（量と測定）
　長さ，体積，重さのそれぞれについて単位の関係を調べる活動

▶内容とねらい
　これまでに学習してきた，「長さ」の単位や，「体積」，「重さ」の単位を分類整理する算数的活動を通して，それぞれの単位に共通する関係を理解する。

❶ 問題を理解する。

「長さ」，「かさ」，「重さ」で，今までに学習した単位を発表しよう。

❷ 既習の単位を思い出す。
　長さの単位（mm, cm, m, km）
　体積の単位（mℓ, dℓ, ℓ）
　重さの単位（g, kg）

❸ 思い出した単位を発表する。

いろいろな単位を発表してもらいました。学習した単位は全部出たでしょうか。

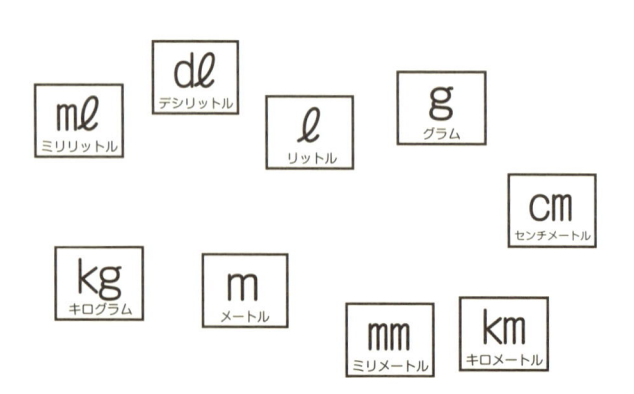

mℓ　dℓ　ℓ　g　cm　kg　m　mm　km

準備
　長さ，かさ，重さのカードや，それぞれの単位（mm, cm, m, km, mℓ, dℓ, ℓ, g, kg）のカードを作成しておく。
・ワークシート

ポイント
　児童の発言と同時に単位のカードを適当にはり，児童に整理したい，という気持ちをおこさせるようにする。
　不足している場合でも，そのまま授業を進め，整理していく過程で，付け足していく。

▶**この活動の流れ（1時間扱い）**
※「長さ」,「体積」,「重さ」の,最後の単位の学習が終了した後の活動として行う。
❶ 問題を理解する。(2分)
❷ 既習の単位を思い出す。(5分)
❸ 思い出した単位を発表する。(10分)
❹ 「長さ」,「体積」,「重さ」の単位を整理していく中で,k（キロ）, m（ミリ）に着目し,関連付けながらまとめる。(28分)

学習した単位が全部出たかどうか,分かるようにするには,どうしたらいいでしょうか。

「重さ」は重さ,「かさ」はかさ,「長さ」は長さの単位でまとめると,分かりやすいと思います。

小さい順に単位を並べていくといいと思います。

❹ 「長さ」,「体積」,「重さ」の単位を整理していく中で,k（キロ）, m（ミリ）に着目し,関連付けながらまとめる。

「長さ」の単位について,小さい順に並べていきます。
「長さ」は, mm , cm , m , km になります。
それぞれ,
1mm × 10 = 1cm
1cm × 100 = 1m
1m × 1000 = 1km です。

次に「かさ」の単位について,小さい順に並べていきます。
「かさ」は, mℓ , dℓ , ℓ になります。
それぞれ,
1mℓ × 100 = 1dℓ
1dℓ × 10 = 1ℓ です。

ポイント
　小さい順に並べ直していくとき,それぞれの単位の関係を問いながら,単位換算の定着も図りつつ,整理する。
　横一列に単位を並べていく際に,×10, ×100, ×1000のところは,意図的に単位カードをはる間隔を変える。

第4章

3年

対話（吹き出し）

- 最後に,「重さ」の単位について, 小さい順にならべていきます。
 「重さ」は, g , kg になります。
 1g × 1000 = 1kg です。

- それぞれ, 整理したところで,「長さ」と「かさ」の単位を関連付けたいと思います。「長さ」の, どの単位と,「かさ」の, どの単位をそろえればいいでしょう。

- 「m」が付いているので, mm と mℓ です。

- そろえて書いてみます。何か気づいたことはありますか。
 「長さ」は, mm , cm , 　 , m , km
 「かさ」は, mℓ , 　 , dℓ , ℓ

- mℓ と mm をそろえたら, m と ℓ がそろいました。「m」(ミリ)が1000個で m (メートル)や ℓ (リットル)になります。

- 次に,「重さ」の単位も書き加えてみます。何をそろえたらいいでしょう。

- km と kg には, 同じ「k」(キロ)がついているので, そろえられると思います。

- そろえて書いてみます。何か気付いたことはありますか。
 「長さ」は, mm , cm , 　 , m , km
 「かさ」は, mℓ , 　 , dℓ , ℓ
 「重さ」は, 　 , 　 , 　 , g , kg

- km と kg をそろえると, m と g と ℓ がそろいます。

- m を1000倍すると km になって, g を1000倍すると, kg になるから, km と kg をそろえると, m と g がそろうのだと思います。

- 「k」(キロ)がつくと1000倍になります。

ポイント

「長さ」の単位を, 最初に小さい順に書く。その後, ミリの部分を合わせて「体積」の単位を書く。もし, 出ないようなら,「長さ」,「体積」両方の単位を読ませ, 似たところを聞くなど, 工夫する。 mm と mℓ をまず, そろえて書き, ℓ がどこにくるかを問う。 m と ℓ がそろった後で, なぜ, そろうのかを問い, 相互関係とミリの意味に気付かせる。

ポイント

先ほど書いた単位の下に, キロの部分を合わせて「重さ」の単位を書く。もし, 出ないようなら,「重さ」,「長さ」両方の単位を読ませ, 似たところを聞くなど, 工夫する。

◀ワークシートを使ってまとめる。

単位の仕組み【豆知識】

長さ	かさ	重さ
km(粁) キロメートル	kℓ(竏) キロリットル	kg(瓩) キログラム
hm(粨) ヘクトメートル	hℓ(竡) ヘクトリットル	hg(瓸) ヘクトグラム
dam(籵) デカメートル	daℓ(竍) デカリットル	dag(瓧) デカグラム
m(米) メートル	ℓ(立) リットル	g(瓦) グラム
dm(粉) デシメートル	dℓ(竕) デシリットル	dg(瓰) デシグラム
cm(糎) センチメートル	cℓ(竰) センチリットル	cg(瓱) センチグラム
mm(粍) ミリメートル	mℓ(竓) ミリリットル	mg(瓱) ミリグラム

【参考】センチリットル(cℓ)なども, 子どもの反応によっては, 取り扱う(小学校指導要領解説・算数編p.172／6年の学習内容)

| 算数 | 3年ウ | 「長さ」「体積」「重さ」の単位の関係 |

ワークシート

なまえ　年　組　番

▼ 〔長さ〕と〔かさ〕の単位のしくみ（たんい）

長さ	□	□		□	□
かさ	□		□	□	

　　　＼×○↗　＼×○↗　＼×○↗　＼×○↗

▼ 〔長さ〕〔かさ〕〔重さ〕の単位のしくみ

長さ	□	□		□	□
かさ	□		□	□	
重さ				□	□

　　　＼×○↗　＼×○↗　＼×○↗　＼×○↗

※ □には単位，○には数字が入ります。

3年 二等辺三角形はどうやってかくの？

二等辺三角形と正三角形の作図

(立教小学校教諭　奥山貴規)

◎算数的活動　エ（図形）
二等辺三角形や正三角形を定規とコンパスを用いて作図する活動

▶内容とねらい
　二等辺三角形を作図する活動を通して，定規とコンパスを用いて作図する方法を自在に活用できることをねらいとしている。また，正三角形も二等辺三角形の特別な場合と考え，その考えを正三角形の作図に生かせるようにする。

---

❶（2辺を与えられたときの二等辺三角形の作図）課題をつかむ。

> ① 2つの辺が7cmの二等辺三角形をかきましょう。

❷ 作図方法を自力で考える。

❸ 作図方法を検討する。

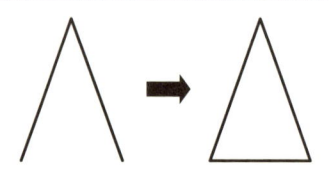

> 簡単だよ。
> 7cmの辺を2本かいて，1つの点から辺の下の先を結べばできるよ。

> 定規だけでかくことができて，いろいろできるわ。

上の作図の方法を確認する。

❹ できた二等辺三角形を重ね，気付いたことを発表する。

> みんなのかいた二等辺三角形を切り取って重ねてみましょう。重ねた図を見て気が付くことはありませんか？

> 下の頂点を結ぶと円みたいになっているよ。
> コンパスを使ってもかくことができるのね。

> 下の辺も7cmのときは正三角形になっています。

準備
・ワークシート　・はさみ
・コンパス　・定規
・黒板掲示用ストロー
　（赤2本，青1本）
・オーバーヘッドカメラ
◀ワークシートを配る。

ポイント❢
切り抜いた二等辺三角形の頂点をそろえて，オーバーヘッドカメラで映し出す。

ポイント❢
下のように重ねることもできる。

ポイント❢
この見方から，円周を利用した二等辺三角形の作図を導く。

ポイント❢
作図した二等辺三角形の中に正三角形もあることに触れる。

▶この活動の流れ（1時間扱い）

※前時までに，いろいろな三角形の分類から二等辺三角形と正三角形を定義し，その2つの図形の特徴を切り抜いたものを折ったり重ねたりして理解してきた。作図に関しては本時からの扱いとなる。

❶（2辺を与えられたときの二等辺三角形の作図）課題をつかむ。（2分）
❷ 作図方法を自力で考える。（5分）
❸ 作図方法を検討する。（5分）
❹ できた二等辺三角形を重ね，気付いたことを発表する。（9分）
❺（底辺を与えられたときの二等辺三角形の作図）課題をつかむ。（2分）
❻ 作図方法を自力で考え，作図方法を検討する。（コンパスを利用した作図方法を確認する。）（8分）
❼ コンパスを利用した作図方法で二等辺三角形を作図する。（5分）
❽ できた二等辺三角形を重ね，気付いたことを発表する。（9分）

---

❺（底辺を与えられたときの二等辺三角形の作図）課題をつかむ。

> ② 下の辺に長さが8cmの2つの辺をつづけてかいて，二等辺三角形をかきましょう。

「上の頂点がどこかを探せばいいのね。」

❻ 作図方法を自力で考え，作図方法を検討する。

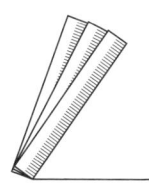

「下の辺の右の頂点から8cmだから…。どこに8cmの辺をひいたらいいのかな？」

「定規だけでは，上の頂点を見付けるのが難しいわ。」

「上の頂点は，どのあたりにあるかな？」

「右の頂点から8cmのところで，左の頂点からも8cmのところにあります。」

ポイント
　全くかくことができない児童がいることも想定される。悩んでいる児童には，二等辺三角形はどんな図形かを確認させる。

ポイント
　手がかりとなる発言が出ない場合は，頂点がどのあたりかを問うことも有効である。

「頂点はどのあたりかな。」
「このあたり。」
と，おおまかな範囲から絞っていくこともできる。

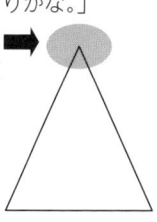

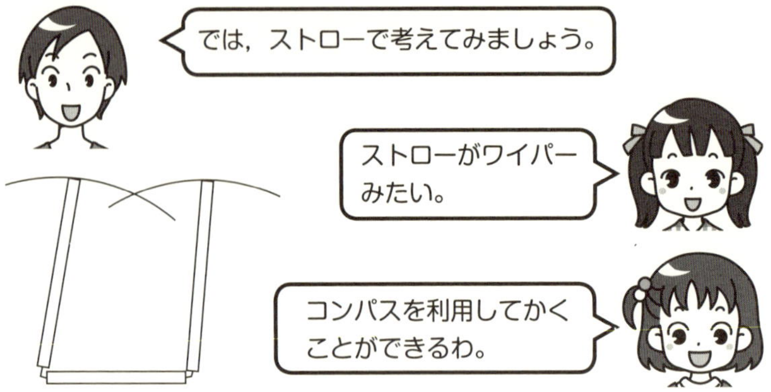

「では，ストローで考えてみましょう。」

「ストローがワイパーみたい。」

「コンパスを利用してかくことができるわ。」

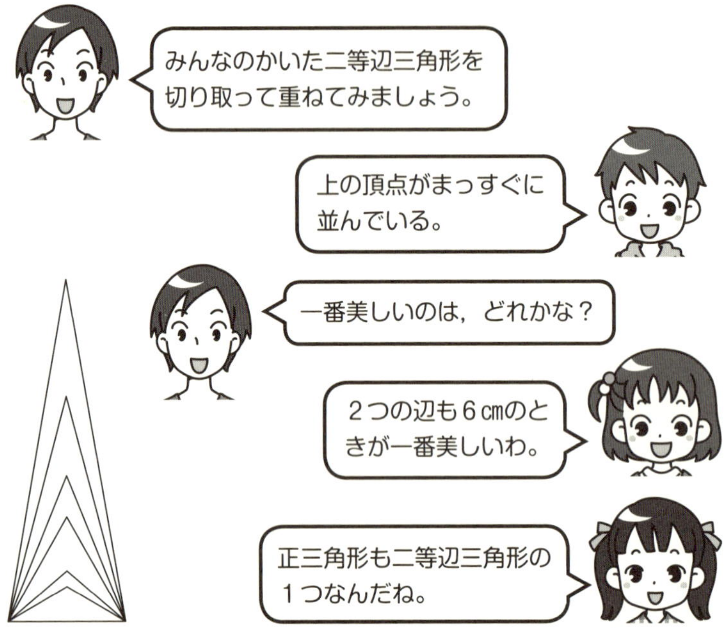

ポイント
ストローと針金を使った下の教具で説明するとわかりやすい。

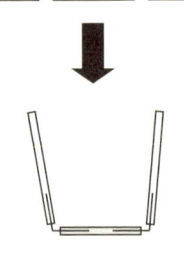

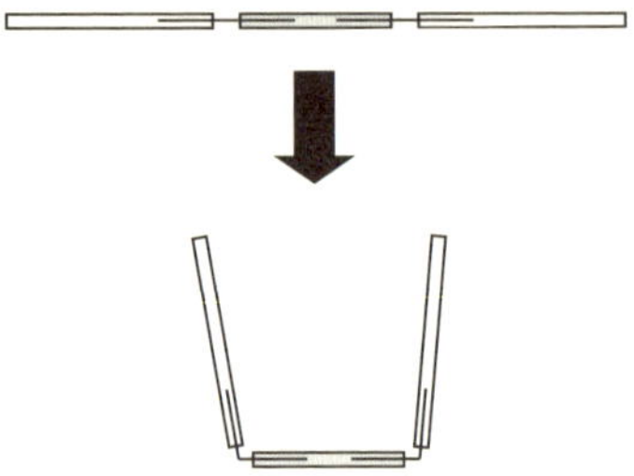

上の作図の方法を確認する。

❼ コンパスを利用した作図方法で二等辺三角形を作図する。
（③ 底辺が6cmの様々な二等辺三角形の作図）

❽ できた二等辺三角形を重ね，気付いたことを発表する。

「みんなのかいた二等辺三角形を切り取って重ねてみましょう。」

「上の頂点がまっすぐに並んでいる。」

ポイント
切り抜いた二等辺三角形の底辺をそろえて，オーバーヘッドカメラで映し出す。

ポイント
この見方から，底辺の垂直二等分線を利用した作図を導くこともできる。

「一番美しいのは，どれかな？」

「2つの辺も6cmのときが一番美しいわ。」

「正三角形も二等辺三角形の1つなんだね。」

ポイント
ここで，正三角形と二等辺三角形の包摂関係に気付かせることができれば，正三角形の作図に生かすことができる。

◆板書例

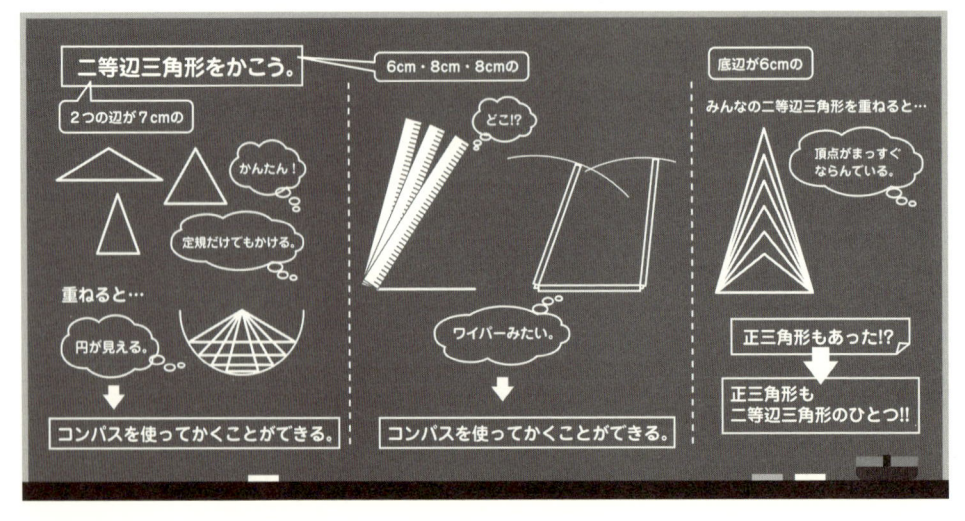

二等辺三角形をかこう。　　6cm・8cm・8cmの　　底辺が6cmの

2つの辺が7cmの　　かんたん！　　どこ！？　　みんなの二等辺三角形を重ねると…

定規だけでもかける。　　頂点がまっすぐならんでいる。

重ねると…　　ワイパーみたい。　　正三角形もあった！？

円が見える。　　　　　　　　　　　　　正三角形も二等辺三角形のひとつ！！

→ コンパスを使ってかくことができる。　　→ コンパスを使ってかくことができる。

| 算数 | 3年エ | 二等辺三角形と正三角形の作図 |

ワークシート

なまえ　年　組　番

① 2つの辺の長さが7cmの二等辺三角形をかきましょう。

② 下の辺に,長さが8cmの2つの辺をつづけてかいて,二等辺三角形をかきましょう。

③ ②の方法で二等辺三角形をかきましょう。
（等しい2つの辺の長さは自分で自由に決めましょう。）

6cm

3年 図書館のポスターを作ろう
表とグラフ

(学習院初等科教諭　鈴木純)

◎ **算数的活動　オ（数量関係）**
日時や場所などの観点から資料を分類整理し，表を用いて表す活動

▶ **内容とねらい**
目的に合った観点から項目の分類を選び，資料を手際のよい方法で，分かりやすく整理することを通して，表の意味を理解し，表を用いて表すことができるようにする。

❶ 表やグラフを作る目的を知る。

> りえさんたちは図書館のポスターを作ることになりました。
> そこで，朝の図書館のようすをかし出しノートから調べることにしました。
> かし出しノートには次のように書いてありました。

準備
・左の貸し出しノートを拡大し，教室掲示する。
・ワークシート①②

[朝のかし出しノート]（今週）

曜日	学年	男女	しゅるい
月	6	女	でんき
月	1	男	かがく
月	5	男	こうさく
月	5	女	ものがたり
月	4	男	かがく
月	3	女	ものがたり
月	2	女	かがく
月	6	男	でんき
月	6	女	ものがたり
火	4	男	かがく
火	5	男	かがく
火	3	男	ものがたり
火	3	女	ものがたり
水	2	女	ものがたり
水	1	男	ずかん
水	2	女	ものがたり

曜日	学年	男女	しゅるい
水	6	女	りょうり
木	3	女	ものがたり
木	2	男	ものがたり
木	4	男	かがく
木	5	男	でんき
木	2	女	かがく
金	4	男	かがく
金	1	男	ものがたり
金	2	女	ものがたり
金	3	女	ものがたり
金	4	女	でんき
金	3	女	ものがたり
金	5	男	かがく
金	6	男	スポーツ
金	5	女	ものがたり
金	6	女	でんき

💬 かし出しノートからどのようなことが分かるでしょう。

ポイント
貸し出しノートからおおまかな特徴を読み取り，そこからより詳しく調べたいという意欲を高める。

▶ **この活動の流れ（2時間扱い　❶〜❸で1時間，❹〜❽で1時間）**

❶ 表やグラフを作る目的を知る。（15分）
❷ 項目選びについて話し合う。（15分）
❸ 表とグラフを作る。（15分）

❹ 新たな課題を把握する。（5分）
❺ 項目選びについて話し合う。（10分）
❻ 表を作成し，表から読み取れることを考える。（15分）
❼ 目的に合ったポスターの題材を決める。（10分）
❽ 資料の活用と可能性について考える。（5分）

「金曜日に借りる人が多いよ。」

「物語は人気だね。」

「なるほど，分かったことをもとにして，本の紹介などのポスターを作ることができますね。それでは，かし出しノートから分かることをはっきりさせるためにはどうしたらいいかな。」

「表やグラフにまとめるとはっきりとします。」

ポイント
　最終目標である，ポスター作りの題材を意識させる。

❷ 項目選びについて話し合う。

| 何について調べますか。そのためには何を表にまとめればよいですか。 |

「どんな本が人気があるのか調べます。そのためには，借りられた本の種類ごとの数を表にまとめます。」

「そして，どんなポスターを作るつもりですか。」

「人気がある種類の本の中からおもしろい本をポスターに書いて，他の友達にも紹介します。」

「それでは，表とグラフを作ってみましょう。」

※曜日ごと，男女，学年などのまとめ方もある。児童が個々に題材を選ぶ。

ポイント
　目的のために必要な項目は何なのか，考えさせる。

第4章

3年

❸ 表とグラフを作る。

【表】今週の朝にかした本のしゅるいと数

しゅるい	数(さつ)
でんき	5
ものがたり	14
かがく	9
そのた	4
合計	32

今週の朝にかした本のしゅるいと数

(さつ)

(棒グラフ：ものがたり 14、かがく 9、でんき 5、そのた 4)

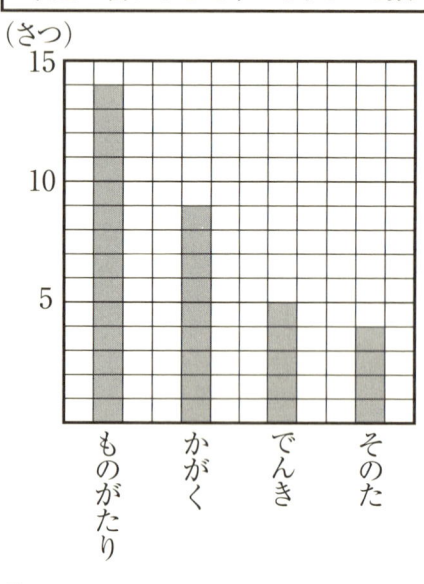

分かったことを発表する。
・物語が、人気がある。
・表よりグラフのほうが違いがはっきり分かる。
・表を作ってからグラフを作ったほうが作りやすい。

◀ワークシート①を配る。

ポイント
目的にあった項目を選択できたら、数が少ないものの取り扱い(その他)について考えさせる。
合計数が合っているかどうか確かめをする。

ポイント
表とグラフ作成に当たっては、「表題」「単位」「横軸」「縦軸」「合計」など、書き方の確認をする。

❹ 新たな課題を把握する。

> りえさんは、グラフを見て、男の子と女の子では、かりた本のしゅるいに違いがあるのではないかと考えました。そこで、新しく表を作ることにしました。

> 男女別のかした本の数を1つの表にまとめましょう。

❺ 項目選びについて話し合う。

新しく男女についても調べることになりましたね。表の縦と横をどのようにしたらよいでしょう。

縦は、今作った表と同じように、種類に分ければいいと思います。

横を男女の借りた人数にすればいいと思います。

ポイント
組み合わせた表は書き方が難しいので、自力での作成ではなく、教師と確認を取りながら書いていくことが望ましい。

ポイント
表から何を読み取ることができて、何が読み取れないのかを考えさせる。

◀ワークシート②を配る。

❻ 表を作成し，表から読み取れることを考える。

【表】 男女別の今週の朝にかした本のしゅるいと数

しゅるい	男(人)	女(人)	合計(人)
でんき	2	3	5
ものがたり	3	11	14
かがく	7	2	9
そのた	3	1	4
合計	15	17	32

〈説明〉

> かし出しノートを見ると，最初は女の子が伝記を借りているから，伝記の行の女の子の列のところが正の字の一になります。
> このように，他のところも調べていきます。

わかったことを発表する。
・女の子のほうが本を借りている。
・男の子には科学の本が人気である。
・女の子には物語の本が人気である。

ワークシートの表からいえるかどうかについての問題を児童に考えさせる。

❼ 目的に合ったポスターの題材を決める。

> この表から，どのような本を紹介するポスターを作ったらよいと思いますか。

> 男の子には，科学の本。女の子には物語の本の紹介をするポスターを作るといいと思います。

❽ 資料の活用と可能性について考える。

> 貸し出しノートから，他にどのようなことを調べられるかな。

> 学年別の人気がある本の種類です。

> 1週間のうちどの日がいちばん本が借りられているかが分かります。

> それでは，他の表やグラフを作って調べてみると楽しいでしょう。

※ここで，男女混合のグラフを作るにはどうしたらよいか考えることも発展となる。

ポイント

資料から，作ることのできる他の表を思い浮かばせる。
資料の活用とその可能性に関心を持てるようにする。

| 算数 | 3年オ | 表とグラフ |

ワークシート①

なまえ　年　組　番

1 今週の朝にかした本のしゅるいと数

しゅるい	数(さつ)
合計	

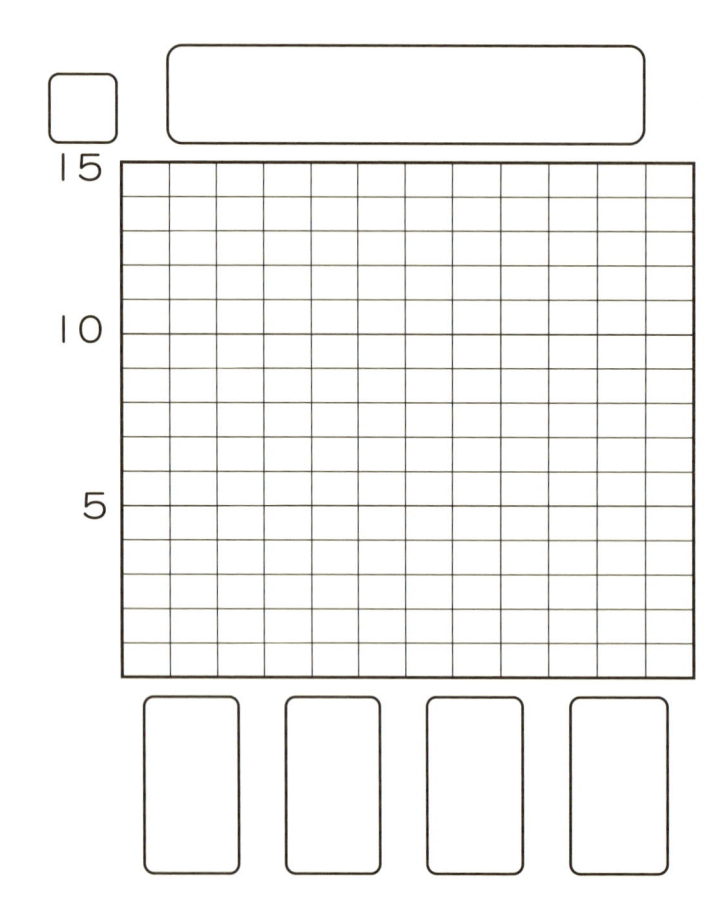

算数	3年オ 表とグラフ

ワークシート②

なまえ　年　組　番

2　男女別の今週の朝にかした本のしゅるいと数

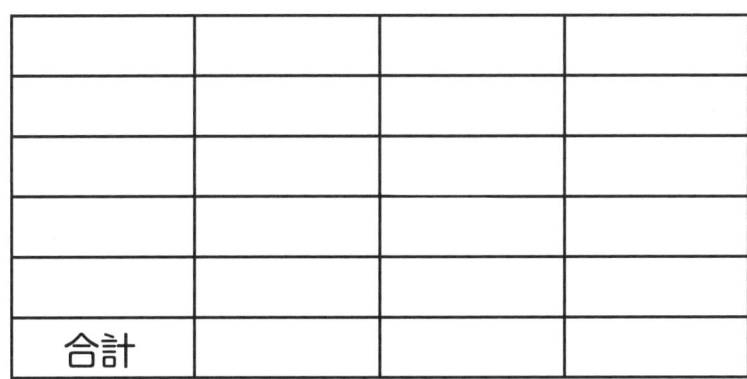

合計			

3　2の表を見ていえることには○,いえないことには×をかきましょう。

(　　　)男の子のかりた本の中では,「かがく」の本が多い。

(　　　)3年生は2年生よりたくさん本をかりている。

(　　　)図書館で本をかりる人は朝が多い。

(　　　)ほかの本とくらべると,「ものがたり」をかりる人が多い。

4年 およその数で見積もろう
計算の見積もり

（筑波大学教授　坪田耕三）

◎**算数的活動　ア（数と計算）**
目的に応じて計算の結果の見積りをし，計算の仕方や結果について適切に判断する活動

▶**内容とねらい**
日常の生活場面からの問題で，和や差の見積もりができるようにする。

およそどのくらいになるか考えよう！

❶ マラソンコースの道のりを求める。

> 学校のマラソン大会のコースが決まりました。
> およそ，どのくらいの道のりを走るのでしょう。

学校／スタート　232m　488m
ひょうたん池（1周100m）
教会　506m
植物園　695m
ゴール

> およその数を求めるのだから，何百mかで考えればいいわ。

> 百の位までの概数にすればいいってことだね。

準備
・マラソンコースの地図

ポイント
マラソンコース1周分の道のりを求める問題として作った地図を見せる。

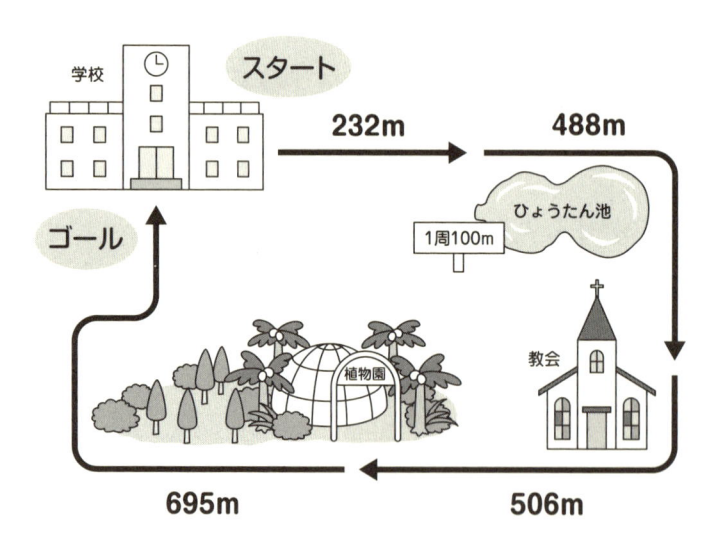

ポイント
およその数を求めるアイデアを考えさせる。

▶ **この活動の流れ（1時間扱い）**
❶ マラソンコースの道のりを求める。（5分）
❷ 見積もって計算する。（10分）
❸ 切り上げて見積もる場合を考える。（15分）
❹ 切り捨てて見積もる場合を考える。（15分）

❷ 見積もって計算する。

きちんと計算してから，最後に概数にしてみましょう。

はじめから概数にして，計算しても大丈夫だと思うよ。

```
    232          232  →   200
    488          488  →   500
    506          506  →   500
   +695          695  → +700
   ────          ─────────────
   1921              約1900 (m)
    ↓
  約1900 (m)
```

どちらでも同じ答えになったね。

和を概数で求めるときには，もとの数を求めたい位までの概数にして計算するとはやく求められそうです。

「ひょうたん池」の周りはちょうど1周で100mだから，これを1周してくれば，約2000mになるね。

ポイント
たしてから概数にする場合と，前もって1つ1つのデータを概数にする場合とを比較してみる。

ポイント
出てきた結果を使って，さらに発展的に問題をアレンジしてみるとよい。この場合，差を考えている。

❸ 切り上げて見積もる場合を考える。

文房具屋さんで，次の3つの品物を買おうと思いますが，1000円で足りるでしょうか。

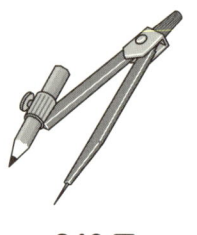

225円　　　280円　　　340円

多めに見積もって計算すれば…。

そして，1000円以下になればいいのね。

```
225 →  300
280 →  300
340 → +400
       1000
```

百の位までの概数で考えよう。

切り上げの方法ね。

ちょうど1000円だから大丈夫だわ！

ある金額までで足りるかどうか調べるときには，それぞれの金額を「切り上げ」で計算します。

ポイント

　ある金額に足りるかどうかを見積もるときには，切り上げの方法で概数にして計算することに着目させる。

ポイント

　百の位までの概数で考える。
（切り上げ）

　　300
　~~225~~ → 約300

　　300
　~~280~~ → 約300

　　400
　~~340~~ → 約400

※求める位より下に少しでもあれば，切り上げる方法。

　きちんと計算した場合，
225＋280＋340＝845

❹ 切り捨てて見積もる場合を考える。

（先生）マラソン大会の時に，おうちの方が応援に来るかどうか調べました。町別の人数ですが，これで300人を超えるかどうか調べて下さい。

東町	西町	南町	北町
68人	86人	52人	113人

（女の子）これは「切り捨て」の方法で約何十人として考えればいいわね。

（男の子）そうだね。それで300人を超えるかどうかはやく分かるね。

```
  68   →      60
  86   →      80
  52   →      50
 113   →   +110
            約300
```

（女の子）約300人ということは，実際はこれ以上だから，300人を超えるわね。

（先生）ある人数を超えるかどうか調べたいときには，このように「切り捨て」の方法で概数にして計算するとはやく求められます。

ポイント
決められたおよその数を超えるかどうかを考えるとき，「切り捨て」の方法があることに気付かせる。

ポイント
十の位までの概数で考える。
（切り捨て）

$6\cancel{8}$ → 約60

$8\cancel{6}$ → 約80

$5\cancel{2}$ → 約50

$11\cancel{3}$ → 約110

※求める位より下にいくつあっても切り捨ててしまう方法。

きちんと計算した場合，
68+86+52+113=319

第4章

4年

面積を求めよう

複合図形の面積

（元 山形大学地域教育文化学部講師　笠井健一）

◎算数的活動　イ（量と測定）

長方形を組み合わせた図形の面積の求め方を，具体物を用いたり，言葉，数，式，図を用いたりして考え，説明する活動

▶内容とねらい

「長方形を組み合わせた図形」とは，L字型，凹字型，十字型などの図形のことである。この活動では，図形についての見方を用いて正方形や長方形の面積の公式を活用すれば，より簡単に面積が求められることを実感する。さらにこのことから，既習事項をもとに，筋道立てて説明しようとする態度を育てる。

---

❶ 問題場面を理解し，解決の見通しを立てる。

（先生）昨日までに，長方形や正方形の面積を求めることができるようになりましたね。
これは，ちょっと複雑な形をしています。
この図形の面積の求め方を考えましょう。

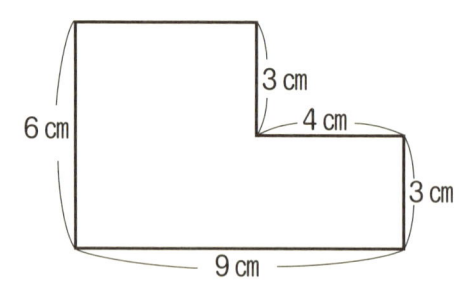

[図：L字型の図形　6cm, 3cm, 4cm, 3cm, 9cm]

（女子）長方形ならできるのに。

（男子）なんとかして長方形にならないかな。

（女子）この形を切ったらうまくできそうだわ。

（先生）解くために，方眼紙に図をかいてもいいですよ。この大きさに切った画用紙もあります。どんな方法でもいいので面積を出してみましょう。

準備

- 課題提示用に，この図形をかいた模造紙
- この形に切った画用紙
- 方眼紙（児童用と黒板に貼るための説明用）
- 方眼黒板
- ワークシート
- ものさし

ポイント

方法の見通しを持たせてから取り組ませる。

◀ワークシートを配る。

▶この活動の流れ（1時間扱い）

1. 問題場面を理解し，解決の見通しを立てる。（10分）
2. L字型の図形の面積を考える。（20分）
3. L字型の図形の面積の求め方を発表し，話し合う。（15分）
4. 他の形に発展する（時間があれば）。

▶他学年との関連

第5学年の平行四辺形や三角形の面積の求め方で考え方が活かせる。

---

❷ L字型の図形の面積を考える。

A. 2つの長方形に分けました。

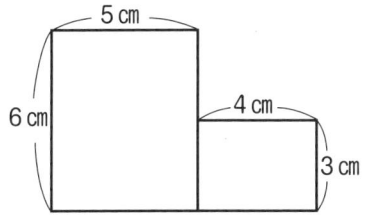

式　$6 \times 5 = 30$
　　$3 \times 4 = 12$
　　$30 + 12 = 42$
答え　$42 cm^2$

B. 2つの長方形に分けました。

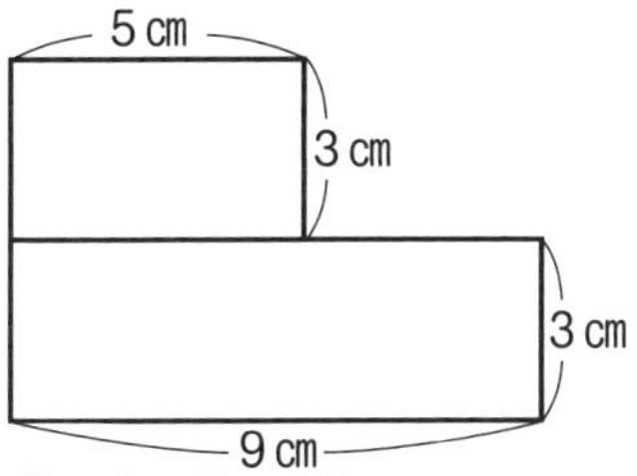

式　$3 \times 5 = 15$
　　$3 \times 9 = 27$
　　$15 + 27 = 42$
答え　$42 cm^2$

C. 全体からひきました。

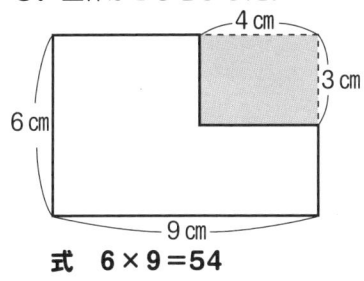

式　$6 \times 9 = 54$
　　$3 \times 4 = 12$
　　$54 - 12 = 42$
答え　$42 cm^2$

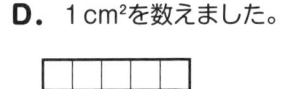

D. $1 cm^2$を数えました。

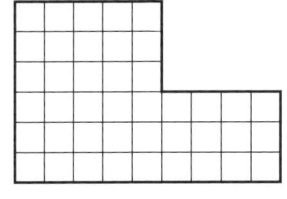

$1 cm^2$がいくつあるか数えたら42個ありました。
答え　$42 cm^2$

ポイント

方眼紙や，この図形を画用紙で作ったものをいくつか用意しておき，これらを使って考えてもよいことを伝える。

1つの方法で答えが求められたら，もっと別の考え方で答えが出せないかを問い，方法を変えても答えが変わらないことから，「自分の答えの正しさ」や，「自分の方法の正しさ」の検証をさせる。

ポイント

どのように考えたらよいか分からない児童には，方眼紙を渡し，Dのように，$1 cm^2$の数を数えさせる。数え終わったら今度は，数を数えるときに，工夫して数えられないか聞く。

Dの考え方でも，工夫して数えて，かけ算を使う児童がいるので，どんなかけ算を使ったのかを聞くことで，他の考えとつなげるようにする。

❸ L字型の図形の面積の求め方を発表し，話し合う。

> Aの図のように，このL字型の図形を縦に切ると，長方形が2つできます。それぞれの面積を計算して，合計しました。

わたしは，今の考えと似ているのですが，このL字型の形を横に切って，長方形2つにして考えました。(B)

わたしも横に切ったのですが，2つをくっつけて，1つの長方形として計算しました。
式は **3×(9＋5)＝42** です。(E)

E
9cm　5cm
3cm

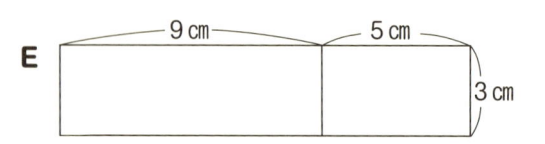

かけ算が1回で計算できるなんて，簡単な方法ね。

Eの方法は，たまたま上と下の縦の長さが3cmで同じだったからできたので，そうでない場合はできないよね。

F
7cm
6cm

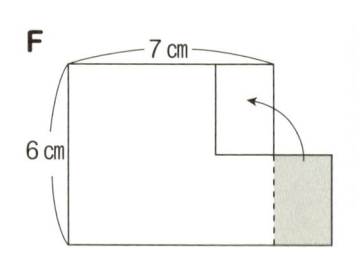

ぼくの方法も上と下が3cmでそろっていたからできた方法だけど，**6×7＝42**と1回で答えが求められるよ。(F)

2つ合わせて，長方形にして計算しました。後で2でわればいいわ。(G)
6×(5＋9)÷2＝42

G
5cm　9cm
6cm

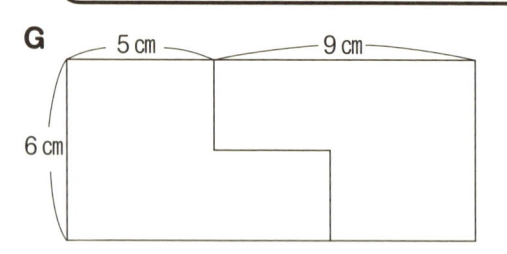

Cのように，全体から，ひく方法を考えた人もいましたね。
長方形の公式を1回使っただけで答えを求められた人もいましたね。L字型の図形のときはいつでも使える方法を考えた人もいました。
それぞれの方法によさがありますね。

ポイント
　発表させるときには，似た意見を続けて発表させるようにして，方法を関連付けるようにする。

ポイント
　それぞれの考え方のよさに触れるようにする。例えば，「簡単に計算できる。」「いつでも使える方法だ。」その際，「簡単」という意味について，より具体化するようにする。「九九の範囲のかけ算だから」「公式を1回使うだけでいいから」など簡単の中身について議論を深めさせる。

ポイント
　いつでもできる方法とこの形だからこそできる方法があることに気付かせる。

ポイント
　EやFやGなどの考えも，第5学年で平行四辺形や三角形などの面積を求めるときに使える考え方であるので，もし教室で考えて出している児童があれば1人であっても積極的に取り上げ，紹介するようにする。

ポイント
　長方形の面積の公式を使えば，他の凹型や十字型などの形も面積が求められそうであることに気付かせる。そこで，時間があれば，他の形も取り組ませる。

| 算数 | 4年イ 複合図形の面積 |

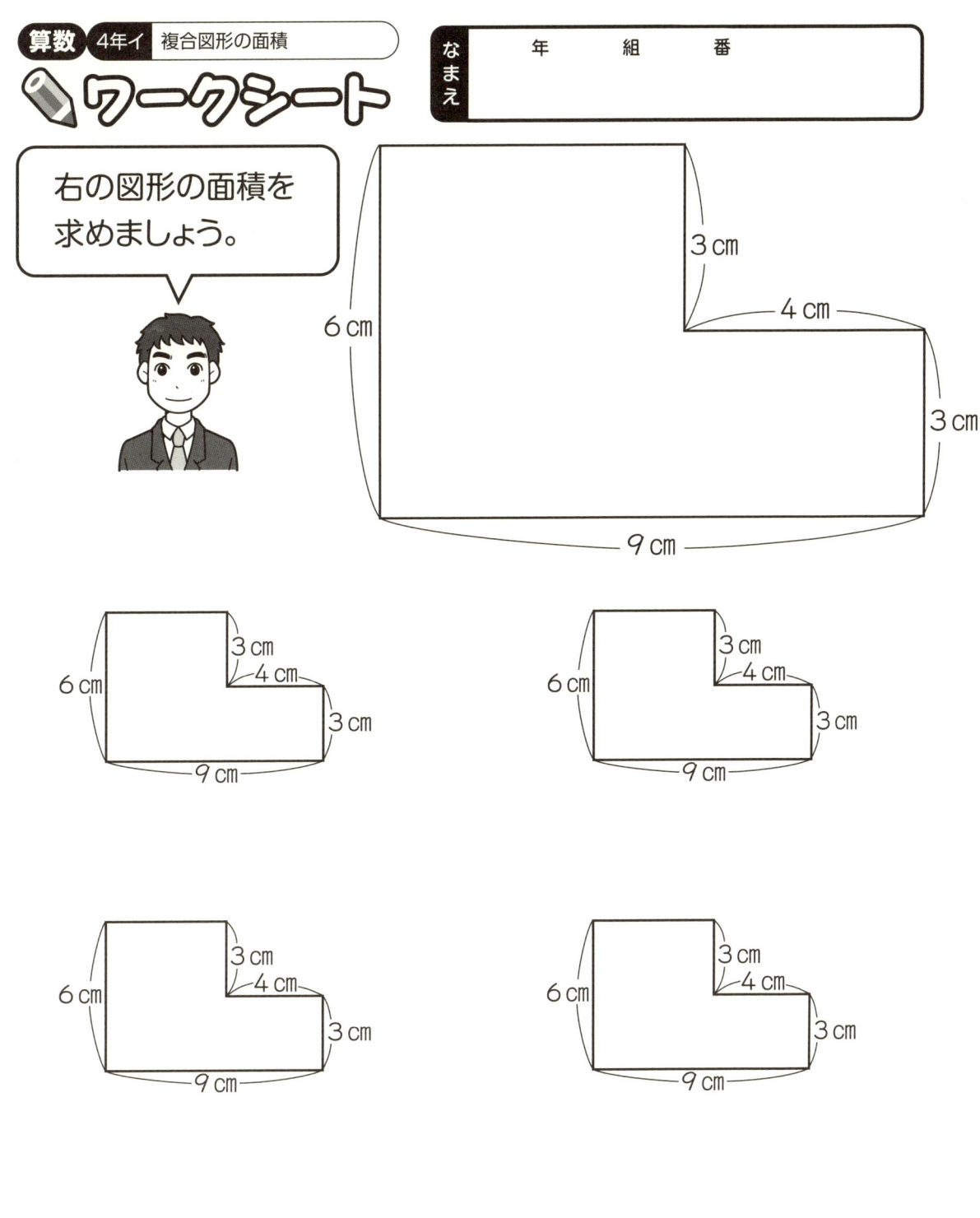

ワークシート

なまえ　年　組　番

右の図形の面積を求めましょう。

（図形：6cm、3cm、4cm、3cm、9cm の複合図形）

今日学んだこと

4年 大きなつくえはどっち？
面積

（学習院初等科教諭　大澤隆之）

◎**算数的活動　ウ（量と測定）**
身の回りにあるものの面積を実際に測定する活動

▶**内容とねらい**
　身の回りの物の面積を予想し，調べることにより，実感を伴って面積の単位の大きさを理解し，面積の求め方をより確実にする。

❶ どちらの机が広いかを予想する。

> 4人の机を合わせて，机の上で作業をしたいと思います。学校の会議室の机を4人で使うのと，どちらが広く使えるでしょう。

> 面積の調べ方は，学習しました。今日は，ものさしがないときのおよその面積の調べ方を考えます。その後で，ものさしで測って計算し，調べた結果と比べてみましょう。

❷ 面積の概測の仕方を考える。

> どうやって調べたらいいでしょう。

> てのひらが何cm²あるかを測って，それがいくつあるかを調べればいいと思います。

> 教科書がいくつ並べられるかで比べられると思います。

> 画用紙やノートを広げて，並べてみればわかるんじゃないかと思います。

準備
・ワークシート
・ものさし

　図工室でも会議室でもよいので，適当な長机と比べる作業をさせたい。適当なものがなければ，教師用デスク（120cm×70cmなどのもの）と比べるのでもよい。

◀ワークシートを配る。

　ワークシートにどちらが広いかの予想を書かせる。

ポイント
どちらが広く使えるか，予想をワークシートに書かせる。

ポイント
アイデアが出ない場合は，「何かのいくつ分で測りたいと思います。身の回りのもので，もとになるものは何かありませんか。」と問いかける。

▶この活動の流れ（1時間扱い）

※面積の学習をひととおり終えてから，生活への活用として，この授業を行う。

❶ どちらの机が広いかを予想する。（5分）
❷ 面積の概測の仕方を考える。（10分）
❸ 実際に面積を調べる。（15分）
❹ 学習で身に付いたことをまとめる。（10分）
❺ 測ったものをもとに，別の物の面積を調べる。（5分）

では，ワークシートに書いた予想の下に「調べる方法」を書いて，教室でできることをして，記録しましょう。

ポイント
概測の方法には，身の回りのもので測るやり方と，体の一部で測るやり方を経験させたい。長さを手や手のひらを広げた長さに置き換えて測る，などの方法も，児童が考え付けば取り上げたい。

ワークシート記入例

> **予想**
> 〔教室のつくえ　4つ〕　　〔かいぎ室のつくえ〕
> **調べる方法**
> ・手のひらいくつ分でくらべる
> 　　手のひらの広さ…だいたい100㎠
> 　　手のひらが24入る広さ（教室のつくえ1つ）
> ・教科書やふでばこをしきつめてくらべる
> 　　教科書4さつ分とふでばこの広さ（教室のつくえ1つ）
> ・公式をつかう　長方形の面積＝たて×横
> 　　40cm×60cm（教室のつくえ2400㎠が4つで9600㎠）

教室の机を調べてみて，予想を変えたくなった人はいますか。

ポイント
最初の予想と変わったかどうかを問うことにより，作業そのものから量の感覚へ意識を向けさせる。

教科書や筆箱を並べてみたら，教室の机4つ分より会議室の机の方が小さいのではないか，と思えてきました。

わたしもです。計算をしてもよく分からないのだけれど，手のひらや教科書を使うと，予想が変わりました。

教室の机は40cm×60cmで，これを4つ並べると80cm×120cmだから，これより大きいか小さいかで考えて予想が変わりました。

❸ 実際に面積を調べる。

予想が変わった人は,「予想を変える」と書いて,わけも書きましょう。では,実際に測りに行きましょう。

手のひら○個分だから,教室の机4つの方が広いです。

教科書○冊分だから,教室の机4つの方が広いです。

長机の横の長さが120cmだから,教室の机の2倍。縦が教室の机の2倍の80cmより短いから長机の方がせまいです。

120cm×75cmだから,9000cm²。教室の机が4つで2400×4で9600cm²になるから,教室の机4つの方が広いです。

では,教室に帰って,分かったことをワークシートにまとめましょう。

❹ 学習で身に付いたことをまとめる。

机を4つ合わせた面積は,1m²と比べてどのくらいでしょう。

1m²の勉強をしたとき,机を動かして,4つで1m²をつくったことがありました。

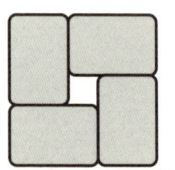

机の面積は2400cm²だから,真ん中の穴は,400cm²だ。20cm×20cmになるんだね。

1m²=10000cm²
10000－(2400×4)=400

机は,1m²のだいたい$\frac{1}{4}$になるから,2400cm²(2500cm²)になっているんだと思います。

❺ 測ったものをもとに,別の物の面積を調べる。

机の面積や手のひらの面積をもとにして,身の回りのものが何cm²か予想してみましょう。また,計算もしてみましょう。

予想　ハンカチの面積は400cm²。
　　　画用紙の面積は1000cm²。

ポイント
　なぜ予想を変えたかを意識させることにより,概測のよさを感得させる。

ポイント
　はじめに概測の方法で調べてみる。

※長テーブルの種類は,長い方が120cm,150cm,180cm,短いほうが45cm,60cm,75cm,90cmとある。ここでは,120cm×75cmを使う。

ポイント
　手のひらや長机の面積をきちんと記録するようにさせる。

ポイント
　左のような学習をしていなければ,ぜひここで行い,1m²の大きさや机の面積2400cm²(2500cm²)がすぐに思い浮かぶようにさせたい。

ポイント
　身の回りや家にあるものについて,必ず予想させてから調べさせる。それにより,量の感覚が養われる。

| 算数 | 4年ウ | 面積 |

ワークシート

なまえ　年　組　番

★ 4人のつくえを合わせて，つくえの上で作業をしたいと思います。
　学校の（　　　　　　　　）のつくえ1つを4人で使うのと，
　どちらが広く使えるでしょう。

予想　広いと思う方に○をつけましょう。

〔 教室のつくえ　4つ 〕　〔　　　　　　　　のつくえ 〕

調べる方法

-
-
-

調べたけっか

ほかに調べたいもの

4年 あれっ，何か見えてきたぞ！
四角形の敷き詰め

(埼玉県滑川町立宮前小学校教諭　小林徹)

◎算数的活動　エ（図形）
平行四辺形，ひし形，台形で平面を敷き詰めて，図形の性質を調べる活動

▶内容とねらい
　平行四辺形，ひし形，台形によって平面を敷き詰められることを確かめ，敷き詰めた図形の中に他の図形を見付けたり，平行線の性質に気付いたりすることを通して，図形についての見方や感覚を豊かにすることをねらいとしている。
　（四角形の敷き詰め：平面上に1つの四角形を隙間のないように敷くこと）

平行四辺形，ひし形，台形を紙の上にしきつめたもようをかいてみましょう。

❶ 平行四辺形の敷き詰めをかく。

> 1つの頂点に4つの角が集まるようにかいてみよう。

○平行四辺形

❷ 敷き詰めた形を見て，気が付いたことを話し合う。

> 平行四辺形の敷き詰めをかいて，何か気が付いたことはありますか。

> 三角形の時と同じように4つの角が1つの頂点にぴったり合わさるので，角度を合わせると360°になるね。

> 横に見ていくと，横に長い平行四辺形が順々に伸びていくようだわ。縦に見ると，大きな平行四辺形がくり返し出てくるわね。

> 横の線が平行になっている。ななめの線も平行になっているよ。角アと角イや，角ウと角エを合わせたら直線になっているから180°になるんだね。

準備
・ワークシート
・三角定規
・表裏色の違う厚紙でつくった平行四辺形，ひし形，台形をそれぞれ1枚。

◀ワークシート，厚紙の平行四辺形を配る。

ポイント❗
　もとの平行四辺形を上下左右にスライドさせてかいていくようにさせる。

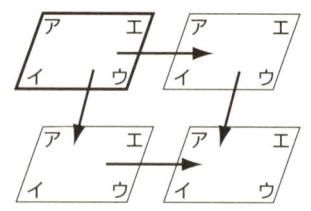

ポイント❗
　4つの平行四辺形を組み合わせてできる二重線で囲まれた平行四辺形がかけたことを確認してから，かき進めさせていく。

ポイント❗
　三角定規を2つ使い，横とななめの線が平行になっていることを確かめる。

▶この活動の流れ（2時間扱い　❶～❹で1時間，❺～❽で1時間）

❶ 平行四辺形の敷き詰めをかく。（10分）
❷ 敷き詰めた形を見て，気が付いたことを話し合う。（14分）
❸ ひし形の敷き詰めをかく。（7分）
❹ 平行四辺形で気が付いたことが，ひし形でも言えるか確かめる。（14分）
❺ 台形の敷き詰めをかく。（10分）
❻ 平行四辺形やひし形で気が付いたことが，台形でも言えるか確かめる。（12分）
❼ 四角形の敷き詰めをかく。（10分）
❽ 平行四辺形，ひし形，台形で気が付いたことが，四角形でも言えるか確かめる。（13分）

❸ ひし形の敷き詰めをかく。
○ひし形

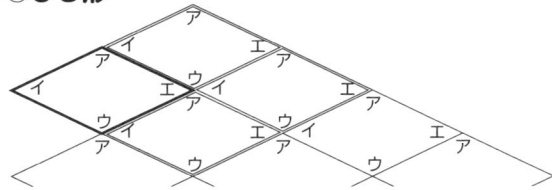

◀ワークシート，厚紙のひし形を配る。

ポイント
平行四辺形の時と同じように，もとのひし形を上下左右にスライドさせてかいていくようにさせる。

❹ 平行四辺形で気が付いたことが，ひし形でも言えるか確かめる。

- ひし形も，平行四辺形と同じように，4つの角の角度を合わせると360°になるね。 
- ななめに見ていくと，いろいろな大きさの平行四辺形ができているわ。大きなひし形が繰り返し出てくるようにも見えるわ。 
- ひし形では，左右のななめの線が，平行だね。角アと角イ，角エと角ウ，角アと角エ，角イと角ウの4つの組み合わせで180°ができているね。

ポイント
4つのひし形を組み合わせてできる二重線で囲まれたひし形がかけたことを確認してから，かき進めさせていく。

ポイント
ここでも，三角定規を2つ使い左右ななめの線が平行になっていることを確かめる。

❺ 台形の敷き詰めをかく。
○台形（とび箱型）
【平行四辺形とひし形は，点対称な図形のため，平行移動で敷き詰められたが，台形は回転移動をさせて敷き詰めていく。】

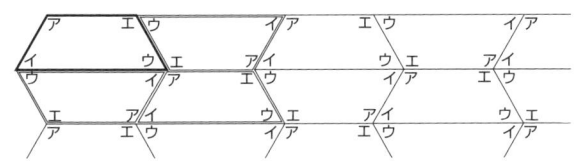

◀ワークシート，厚紙の台形（とび箱型，つぶれ型）を配る。

ポイント
時計方向に厚紙を回しながら，1つの頂点（ここでは点ウ）に4つの角を合わせてかいていくようにさせる。

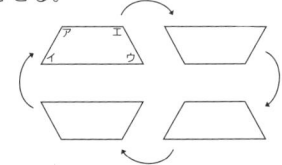

○台形（つぶれ型）

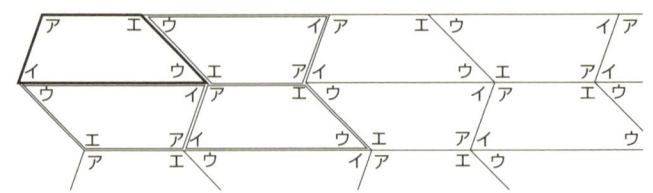

❻ 平行四辺形やひし形で気が付いたことが、台形でも言えるか確かめる。

> 平行四辺形やひし形の敷き詰めで気が付いたことが、台形でも言えますか。

> 台形でも、4つの角が1つの頂点にぴったり合わさっているので、4つの角度を合わせると360°になるね。

> 横に見ると、平行四辺形と台形が順々にできているわ。縦の列を見てみると、同じ形がくり返し出てくるね。

> やっぱり横の線が平行になっている。ななめの線も順番に向きを変えて平行になっているよ。角アと角イや、角ウと角エを合わせると180°になるね。

❼ 四角形の敷き詰めをかく。
○**四角形**

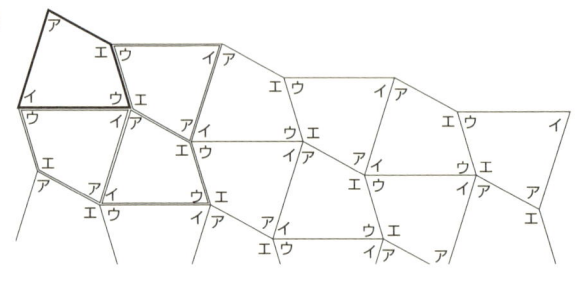

❽ 平行四辺形、ひし形、台形で気が付いたことが、四角形でも言えるか確かめる。

> 四角形も、平行四辺形、ひし形、台形と同じように、4つの角度を合わせると360°になるね。

> 敷き詰めた模様の中に、平行四辺形や台形はないけれど、4つが合わさった形は繰り返し出てくるね。

> ここでも、ななめの線は、順番に向きを変えて平行になっているよ。

ポイント
4つの台形を組み合わせてできる二重線で囲まれたくさび形がかけたことを確認してから、かき進めさせていく。

ポイント
台形（とび箱型）がかけた児童の発展として、つぶれ型の台形の敷き詰めに取り組ませていく。

ポイント
ここでも、三角定規を2つ使い横と左右のななめの線が平行になっていることを確かめる。

◀ワークシート、厚紙の四角形を配る。

ポイント
平行四辺形、台形、ひし形がかけた児童の発展として、四角形の敷き詰めに取り組ませていく。

ポイント
発展として、下図のような凹四角形の敷き詰めも考えられる。

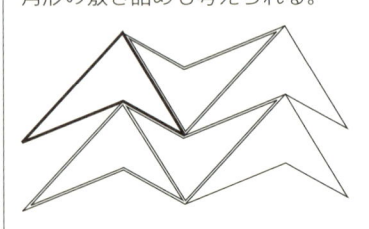

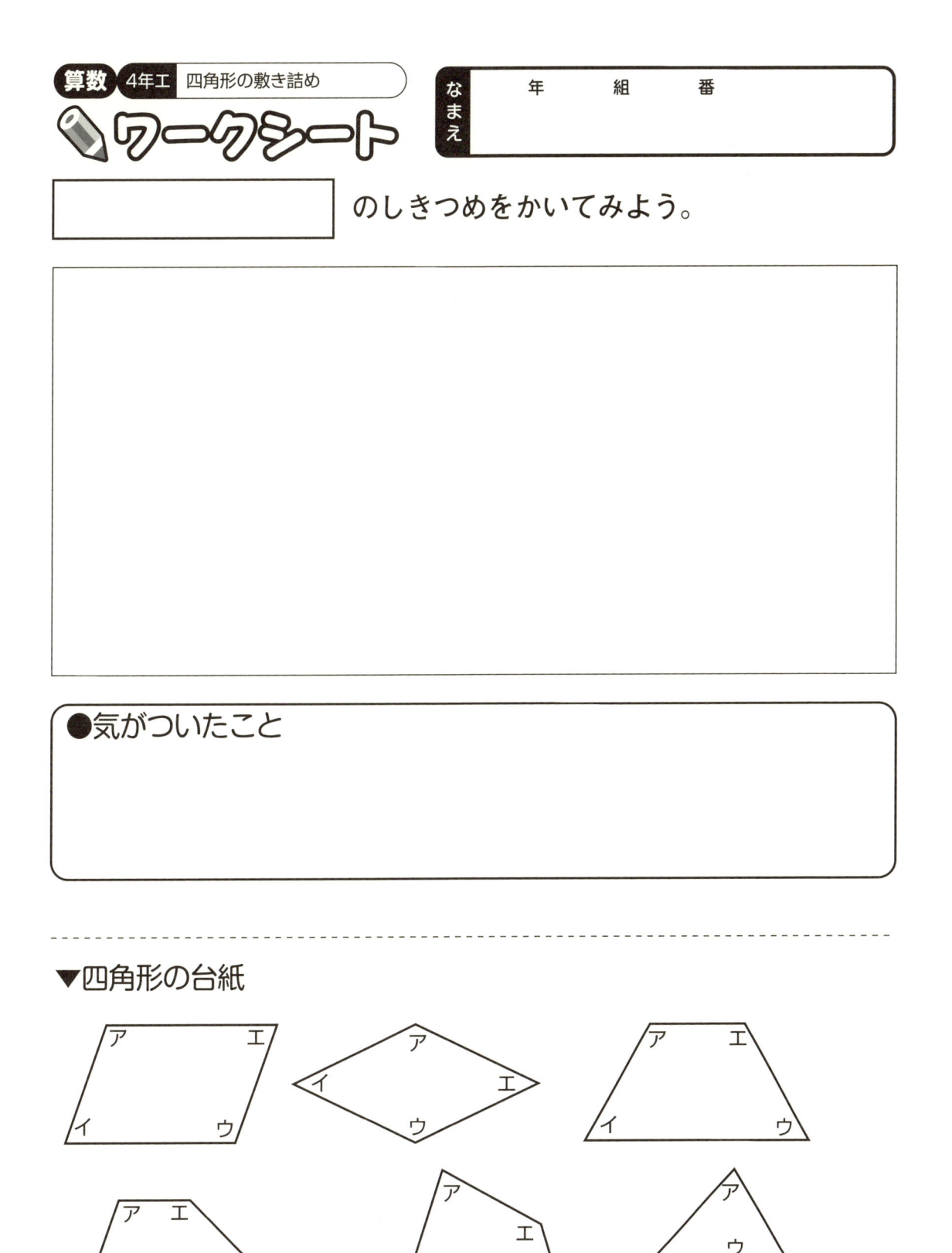

| 算数 | 4年エ | 四角形の敷き詰め |

ワークシート

なまえ　年　組　番

☐ のしきつめをかいてみよう。

● 気がついたこと

▼四角形の台紙

4年 きまりを見付ければ分かるよ

伴って変わる２つの数量の関係　（東京都目黒区立東山小学校教諭　守屋大貴）

◎算数的活動　オ（数量関係）
身の回りから，伴って変わる二つの数量を見付け，数量の関係を表やグラフを用いて表し，調べる活動

▶内容とねらい
伴って変わる２つの数量やそれらの関係をとらえ，未知の値を導くことを通して，きまりを見付けることや表や式などに表すことの有用さを実感する。

---

❶ 問題を把握する。
・正方形カードを配布する。

> １辺が１cmの正方形カードを１段，２段…，と並べて階段の形を作るとき，何かきまりはないかな？　配ったカードを使って，きまりを見付けてみましょう。

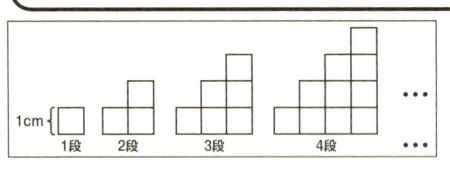

準備
・１辺が１cmの正方形カード
　児童用　各15枚以上
　板書用　80枚以上

ポイント
児童が手元で操作して考えることができるように正方形カードを利用する。

C1：この前学習した，片方増えるときもう片方も増えたり減ったりするきまりがありそうだよ。
C2：カードを使って実際にしてみると分かりやすいよ。
C3：１段，２段と増えていくと，使う正方形カードの枚数が増えていくよ。
C4：１段，２段の段数と，いちばん下やいちばん右の正方形カードの枚数が同じになっているよ。
C5：段数が増えると，枚数だけでなくできた階段型の図形の周りの長さも増えていくよ。

ポイント
児童自身が操作を通して依存関係にある２量に気付くようにさせたい。

> みんな，すごいですね。たくさんのきまりが見付かりましたね。どれもよい発見です。今回はC5さんの発見したきまりを問題にしてみましょう。
>
> １辺が１cmの正方形カードを１段，２段…と並べて，階段の形を作ります。10段のときの周りの長さは何cmでしょうか。
> 答えを出すだけでなく，どのように考えて答えを求めたのかを，友達に分かりやすく説明しましょう。

ポイント
答えを出すだけでなく，答えの求め方・考え方を友達に分かりやすく説明するという表現力を育てたい。

ポイント
解決の見通しの立たない児童には，実際に10段並べてつくらせて考えさせる。その際，段数が増えると周りの長さも増えるという２量の関係にも着目させる。

❷ 自分の力で解く。
C6：だいたい何枚くらい使うかな？　4段のとき10枚だから…。

▶この活動の流れ（1時間扱い）

※前時までに，1つの量が変わるとそれに伴って変わる量があることの理解や，それらの2つの量を表に表したり関係を見付けたりする学習を終えているものとする。

既習事項を生かしながら未知の値を求める。いろいろな方法や考え方のよさを大切にしながら，きまりを見付けたり表を活用したりするよさを実感できるようにする。

❶ 問題を把握する。（10分）
❷ 自分の力で解く。（10分）
❸ 友達と説明し合う。（15分）
❹ 学習をまとめる。（10分）

C7: ぼくの持ってる正方形カードだけじゃ，枚数がたりなくて10段は作れないよ。ねぇ，一緒に作ろうよ。（C11へ）
C8: 前の時間に表にかくことを習ったから，表を使って考えてみよう。（C12へ）
C9: 階段の形を別の形に変えると考えやすいぞ！（C16へ）
C10: そうか！きまりを見付ければ分かるよ。

> 「きまりを見つければ分かるよ。」というのは，いいアイデアですね。これまでの学習を活かせそうです。それでは，自分の考えた方法や考え方で問題を解いてみましょう。

❸ 友達と説明し合う。

C11: わたしたちの答えは40cmです。正方形のカードを10段になるまで並べて考えました。段数が増えると，周りの長さも増えることが分かりました。

C12: ぼくの答えも40cmです。前の時間に習った表を使いました。
表を縦の関係で見ると（段数）×4＝（周りの長さ）になっていることが分かりました。

C13: 横の関係で見ると，段数が1増えると，周りの長さが4増えています。

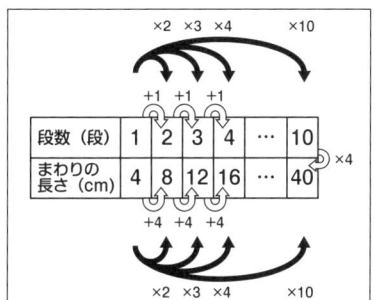

C14: 横の関係で見てもう1つ発見しました。段数が2倍になると周りの長さも2倍になっています。
だから，10段のときは1段の10倍だから4×10＝40で求めました。

ポイント！
表枠は配付しない。表枠があらかじめあると，そのように表さなければいけないと児童が先入観を持ってしまうからである。各自が工夫し，多用な考え方の中から，きまりを見付けられるように展開したい。

ポイント！
説明は言葉だけでなく，具体物や図，表なども活用することで，分かりやすい説明を心掛けさせる。

他の児童の説明を聞き，さらに付け加えたいことや質問などがあれば発言させる。意見や疑問を全体で検討することで，学習を深めたい。

児童の使った言葉や説明を生かしながら，児童自身が大切な言葉や学習内容に気付くように，教師が文言の整理や板書をする。

また，そのような発言のできた児童を誉めたり評価したりして，説明の仕方を理解できるようにする。

C15: 私の答えも40cmです。式で考えました。問題を見てすぐにきまりが分かったので，C12さんと同じ式(段数×4＝周りの長さ)を立てました。でも，分かりやすい説明をするには，表などにした方がいいと思いました。

> 習ったことを使って，問題を解いているので，いいですね。ところで，×4や，4ずつ増えるの「4」はどこから出てきた数字でしょう？

C16: それは階段の部分を移動して，正方形に形を変えて考えると分かります。段数は正方形の1辺の長さと等しいので，周りの長さは1辺の4倍になるからその「4」です。

C17: わたしも正方形に形を変えて考えました。正方形のまわりの長さは(1辺×4)というきまりがあります。だから，10段のときは1辺が10cmで，10×4で求めました。

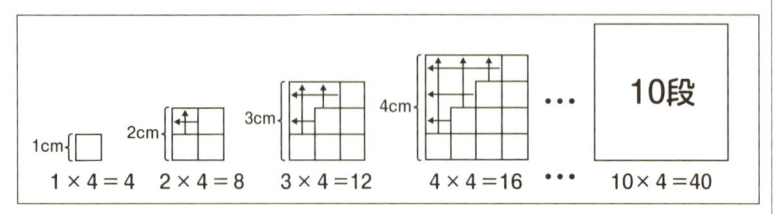

1cm	2cm	3cm	4cm	…	10段
1×4＝4	2×4＝8	3×4＝12	4×4＝16	…	10×4＝40

C18: ぼくの答えも40cmです。折れ線グラフにして考えました。

C19: そうか，こういうときにグラフって使えるのか。

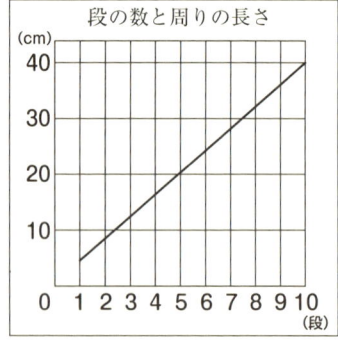

ポイント

児童の発言を生かしながら，変化の様子と対応のきまりを明らかにしていく。
・変化の様子…一方の数量が変わるにつれて，もう一方の数量がどのように変化するか。(表を横に見た関係)
・対応のきまり…対になる2つの数量の間にはどのような関係があるか。(表を縦に見た関係)

ポイント

本時までに折れ線グラフを学習していない場合は，折れ線グラフでの表現はなくてよい。また，ここで扱う「段数と枚数」は分離量なので，一直線の折れ線グラフに表すのは好ましくない。分離量をグラフに表すなら下のような点になるだろう。

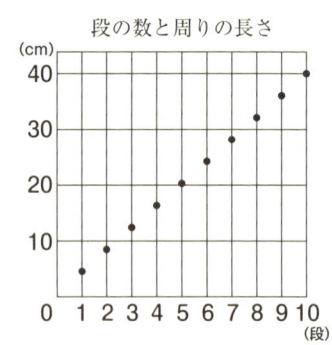

④ 学習をまとめる。

> どのような考え方をしても，答えは40cmになりましたね。どれも正解です。図などを示して，分かりやすい説明もできました。きまりも発見できていいですね。

C20: C16さんたちみたいに辺を移動して考えるなんて気が付かなかったよ。きまりも見付けやすかったな。

C21: わたしは，表を横に見たり縦に見たりして関係が分かったよ。表って便利だね。

C22: (段数)×4＝(周りの長さ)の式は，表を使った説明でよく分かったよ。この式があれば，10段以上でもすぐに周りの長さが分かるね。

👧💬 なるほど，式にすると段数がいくら増えても周りの長さがすぐに分かるというよさがありますね。たとえば，100段のときの周りの長さは何cmでしょう？

C23: 100×4で400cmだ。
C24: 表を横に見て，4×100でも求められるよ。

👧💬 その通りです。
みなさんの身の回りにも，片方が増えるともう片方が増えたり減ったりする関係のものはありませんか？

C25: 1本50円の鉛筆の本数と代金。
C26: 1m10gの針金の長さと重さ。
C27: 正方形の1辺の長さと周りの長さ。
C28: 縦5cmの長方形の横の長さと面積。
C29: 面積が24cm²の長方形の縦の長さと横の長さ。
C30: 500円で買い物したときの使ったお金と残りのお金。
C31: 1日の昼の時間と夜の時間。
C32: 300ページある本の読んだページ数と残りのページ数。

👧💬 たくさん見付けられましたね。算数の時間に勉強したことが，普段の生活でも生かせそうですね。

ポイント
児童の感想を生かして学習をまとめたり考え方を価値付けたりする。児童の意欲を伸ばすためにも，いずれの考え方にもよさがあることを押さえたい。

ポイント
伴って変わる2つの数量から，きまりを一般化して式に表す。

ポイント
学習の日常化を図る。発言が出にくい場合は，教師がいくつか示してきっかけをつくる。

ポイント
【正方形カードを使った例】
・階段型の段数と正方形カードの枚数
カードを1段，2段…と並べて，階段の形を作ります。10段のときのカードの枚数は何枚ですか。

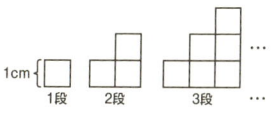

・ピラミッド型の段数と周りの長さ
1辺の長さが1cmの正方形カードを，下の図のように1段，2段…と並べて，ピラミッドの形を作ります。10段のときの周りの長さは何cmですか。

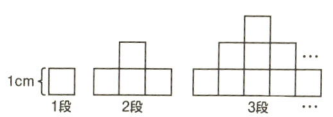

◆板書例

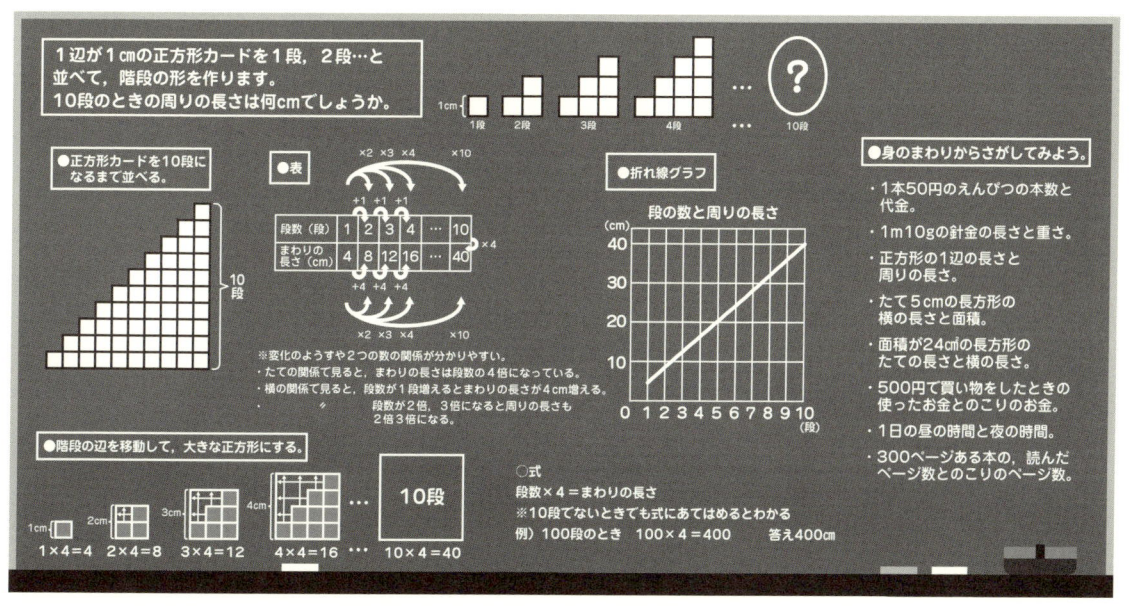

1辺が1cmの正方形カードを1段，2段…と並べて，階段の形を作ります。
10段のときの周りの長さは何cmでしょうか。

●正方形カードを10段になるまで並べる。

●表

段数(段)	1	2	3	4	…	10
まわりの長さ(cm)	4	8	12	16	…	40

×2 ×3 ×4 ×10
+1 +1 +1
+4 +4 +4
×2 ×3 ×4 ×10

※変化のようすや2つの数の関係が分かりやすい。
・たての関係を見ると，まわりの長さは段数の4倍になっている。
・横の関係を見ると，段数が1段ふえるとまわりの長さが4cmふえる。
段数が2倍，3倍になると周りの長さも2倍3倍になる。

●折れ線グラフ
段の数と周りの長さ

●階段の辺を移動して，大きな正方形にする。
1cm□ 2cm 3cm 4cm … 10段
1×4=4 2×4=8 3×4=12 4×4=16 … 10×4=40

○式
段数×4＝まわりの長さ
※10段でないときも式にあてはめるとわかる
例）100段のとき 100×4＝400 答え400cm

●身のまわりからさがしてみよう。
・1本50円のえんぴつの本数と代金。
・1m10gの針金の長さと重さ。
・正方形の1辺の長さと周りの長さ。
・たて5cmの長方形の横の長さと面積。
・面積が24cm²の長方形のたての長さと横の長さ。
・500円で買い物したときの使ったお金とのこりのお金。
・1日の昼の時間と夜の時間。
・300ページある本の，読んだページ数とのこりのページ数。

5年

小数をかけてもいいの？
小数をかける意味と答えの求め方

（立教小学校教諭　奥山貴規）

◎**算数的活動　ア（数と計算）**
　小数についての計算の意味や計算の仕方を，言葉，数，式，図，数直線を用いて考え，説明する活動

▶**内容とねらい**
　乗数が小数の場合について，かける意味と立式，その答えの求め方を学習する。他者に考えを伝えるために言葉の式や2本の数直線や図を利用し，説明することをねらいとしている。

❶ 課題をつかむ。

> 1mが120円のリボンがあります。
> 2m（3m）分の代金を求めましょう。

❷ 乗数が整数の場合（2m・3m）の立式を確認する。

> 120×2＝240で，240円です。

> 1mが3つ分なので，120×3＝360で，360円になります。

❸ 乗数が未知数の場合（□m）の立式を確認する。

> □m分の代金を，□を使って表しましょう。

> 1m分の値段に長さをかければ求められるので，120×□になります。

> 2本の数直線で考えてみましょう。

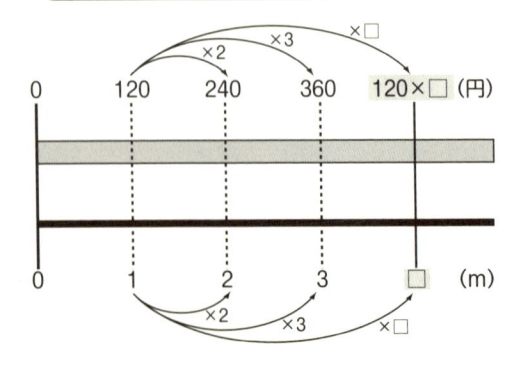

（数直線図：0, 120, 240, 360, 120×□（円） / 0, 1, 2, 3, □（m），×2, ×3, ×□）

準備
・黒板掲示用テープ図

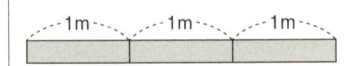

ポイント
　この後の活動で言葉の式を導き出せるように，120×2の120は何か，2は何かを確認する。

ポイント
　第4学年で，「□，△などを用いた式」を学習している（平成23年度〜）ので，□mの場合の代金を求める式を考えさせる。

ポイント
　2本の数直線を利用して説明するのは，この後の活動で児童がそれを考えるための道具として活用できるようにするためである。

▶この活動の流れ（１時間扱い）

※第4学年で小数×整数を学習している（平成21年度〜）。本時は、小数の乗法の導入（整数×小数）である。

1. 課題をつかむ。（2分）
2. 乗数が整数の場合（2m・3m）の立式を確認する。（3分）
3. 乗数が未知数の場合（□m）の立式を確認する。（7分）
4. 乗数が小数の場合の立式を確認する。（7分）
5. 整数×小数（120×2.4）の答えの求め方を自力で考える。（8分）
6. 整数×小数の答えの求め方を検討する。（10分）
7. 整数×小数の答えの求め方をまとめる。（8分）

| 1mの値段 | × | 長さ | = | 代金 | で求められるわ。

4 乗数が小数の場合の立式を確認する。

> このリボン2.4m分の代金を求めましょう。

- □に小数が入ってもいいのかな？
- 小数をかけるのはいいのかなぁ。2m分と0.4m分だと2.4をかけてもいいのかな？

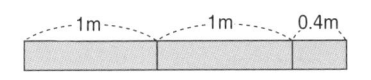

- | 1mの値段 | × | 長さ | = | 代金 | なんだから、長さが小数でもいいのよ。
- リボンの長さが小数のときでも、かけ算を使うことができます。

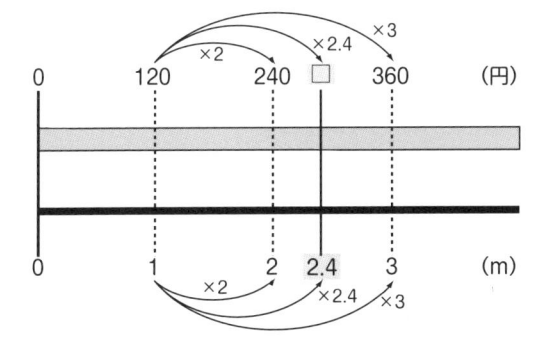

ポイント❗
小数×整数の計算は、第4学年で学習している（平成21年度〜）。本単元では、×小数に関する学習であることを確認すると学習のめあてが明確になる。

ポイント❗
テープ図や2本の数直線は、リボンの長さをイメージできるため、かけ算の意味を理解する上で有効である。

ポイント❗
小数をかけることに違和感を感じている児童には、飲食店などの「1.5人前」は1.5倍であることなどで説明する。

ポイント❗
ここで、2本の数直線を利用して、答えを予想させる活動も取り入れることができる。その経験が、2本の数直線を作る際に、数値によって縦の線をどこに引けばよいかのヒントになる。

❺ 整数×小数(120×2.4)の答えの求め方を自力で考える。

120×2.4の計算のしかたを考えましょう。

❻ 整数×小数の答えの求め方を検討する。

ぼくは，2.4mは0.1mが24個分なので，0.1m分を求めてそれを24倍しました。

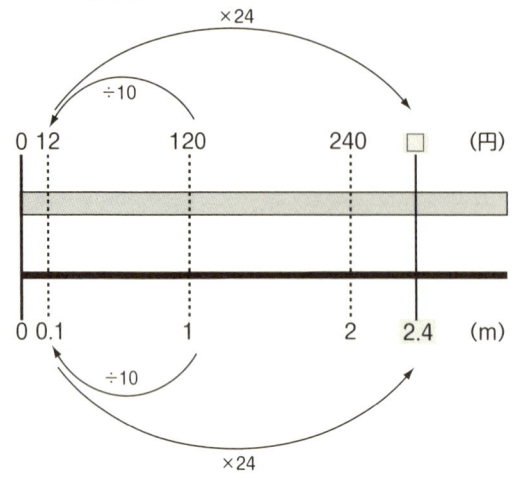

式に表すとどうなるかな？

120÷10×24＝288

わたしは，24m分を求めて，それを10でわりました。

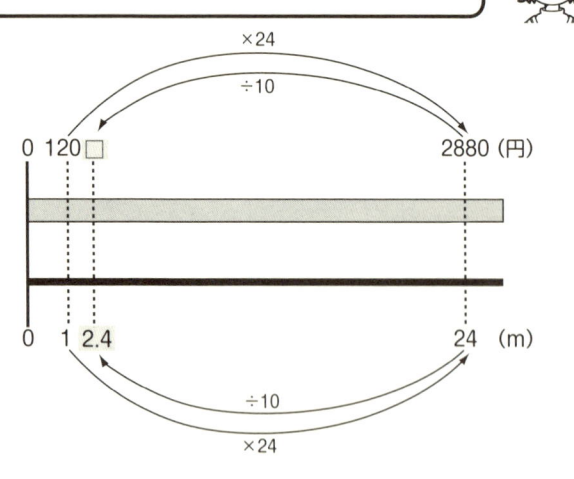

式に表すとどうなるかな？

120×24÷10＝288

ポイント

1m＝100cmであることから，1cm分を求めて，それを240倍して2.4倍を求めるやり方も考えられる。

120	×	2.4	＝	288
↓÷100		↓×100		↑そのまま
1.2	×	240	＝	288

このやり方でも，左のようにまとめることができる。

ポイント

小数の乗法の交換法則は未習であるが，それを用いて，120×2.4を2.4×120として求める児童がいることも想定される。その場合は，解法として認め，左の児童のやり方との共通点を見出させる。

❼ 整数×小数の答えの求め方をまとめる。

「2人のやり方の共通点は何でしょう。」

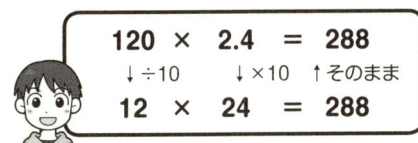

```
120 ×  2.4  =  288
↓÷10  ↓×10   ↑そのまま
 12 ×  24   =  288
```

```
120 ×  2.4  =  288
       ↓×10    ↑÷10
120 ×  24   = 2880
```

「×10や÷10をして，整数のかけ算にしています。」

「どちらも最後は整数のかけ算になっているね。」

「12×24の計算と似ています。」

「4年生の時と同じように，このような小数のかけ算も，整数のかけ算と同じようにできるのかな？」

ポイント
共通点を探す活動によって，2人とも整数の計算で求めているところに注目させる。

ポイント
ここでの話し合いの結果は，次時の筆算の仕方を理解する際に利用することができる。

第4章

5年

◆板書例

1mが120円のリボンがあります。
2m・3m分の代金を求めましょう。

2mなら？
120×2=240

3mなら？
120×3=360

□mなら？
120 × □
|1mの値段| × |長さ| = |代金|

リボンの長さが小数のときでも，かけ算を使うことができます。

●120÷10×24=288

★120×24÷10=288

2人のやり方の共通点は？

```
120 ×  2.4  =  288
 ↓÷10  ↓×10  ↑そのまま
 12 ×  24   =  288
```

```
120 ×  2.4  =  288
        ↓×10  ↑÷10
120 ×  24   = 2880
```

・×10や÷10をして，整数のかけ算にしている。
・12×24の計算を利用している。

⬇

整数のかけ算と
同じように計算できる!?

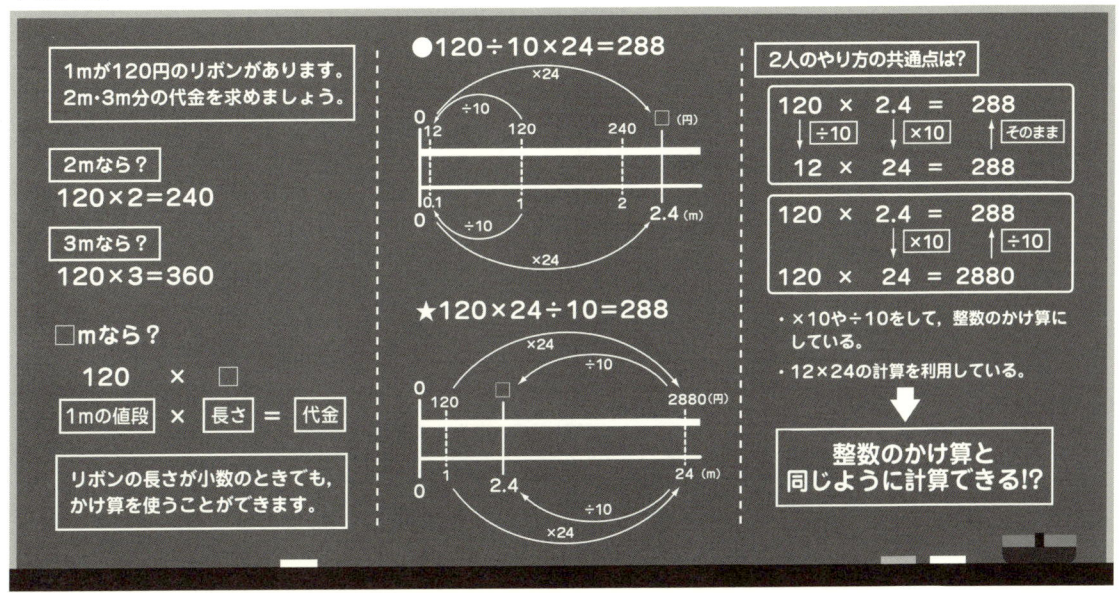

5年 三角形の面積を求めよう

図形の面積

（神奈川県相模原市立川尻小学校教諭　野中太一）

◎算数的活動　イ（量と測定）
三角形，平行四辺形，ひし形及び台形の面積の求め方を，具体物を用いたり，言葉，数，式，図を用いたりして考え，説明する活動

▶内容とねらい
児童は，平行四辺形の面積の求め方を既習の長方形に変形して求めてきている。その経験を生かして，ここでは，三角形を既習の四角形に変形して面積を求める方法を考える。
（※平行四辺形の面積の求め方が未習の場合，学習後に❷以後の活動を行う。）

❶ 課題を把握する。

　□ の面積を求めましょう。

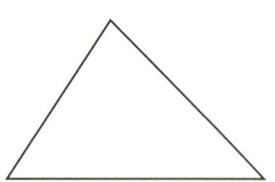

□の中に入る言葉は何でしょう。

四角形はやったから三角形じゃない？

板書の□を予想させて，黒板に貼り付けた封筒の中から三角形を取り出す。

❷ 三角形を既習の形に変形する。

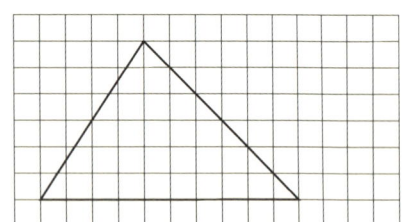

折ってもいいの？

切ってもいいの？

つなげてもいいの？

準備
・大きな封筒（黒板用）
・２種類の大きな三角形数枚（黒板用）
・ワークシート（方眼付き三角形）

ポイント
板書の課題に□を設けて児童に予想させる。
封筒の中から本時の課題の図形をゆっくり取り出し，児童に課題の形を印象付ける。

◀ワークシート①を配る。

ポイント
ワークシートは，3枚ずつくらい配布し，児童が試行錯誤しやすいようにする。
切っても，折っても，回しても，つなげてもよいことを押さえる。

▶ **この活動の流れ（2時間扱い　❶〜❹で1時間，❺〜❻で1時間）**

※この活動は，平行四辺形の面積を求めた後の活動と位置づけている。

❶ 課題を把握する。（7分）
❷ 三角形を既習の形に変形する。（10分）
❸ 式化する。（式の中の数がどの長さを指しているのかを明確にする。）（10分）
❹ 話し合いをする。（どのやり方も正しいと言えるか考える。）（18分）
❺ 別の形の三角形で考える。（35分）
❻ 三角形の面積の求め方を公式にまとめる。（10分）

❸ 式化する。（式の中の数がどの長さを指しているのかを明確にする。）
❹ 話し合いをする。（どのやり方も正しいと言えるか考える。）

＜たけしさんの考え＞

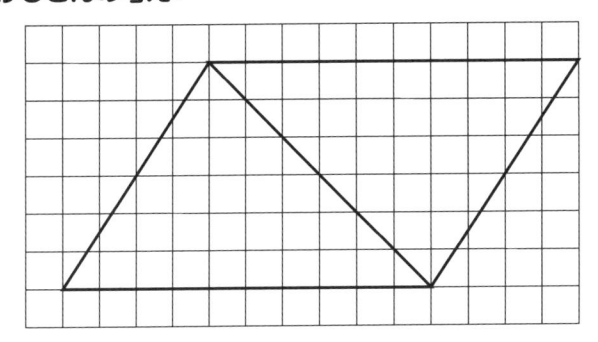

三角形を2つ合わせて平行四辺形にしました。

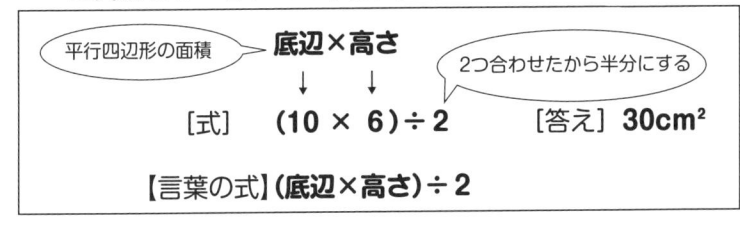

平行四辺形の面積　底辺×高さ　　2つ合わせたから半分にする
　　　　　　　　　↓　　↓
　　　　　　［式］（10 × 6）÷2　　　［答え］30cm²

【言葉の式】（底辺×高さ）÷2

＜まゆみさんの考え＞

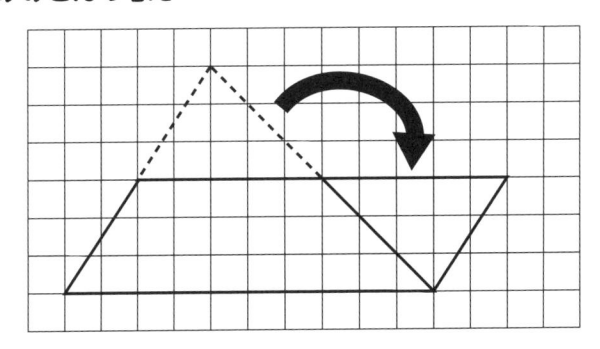

ポイント
平行四辺形の面積を求めるときに既習の長方形に変形したことを思い出させる。三角形の面積も既習の形に変形させれば求められることに気付かせる。

ポイント
数字が表す部分を明確にするために，あえて（　）を付ける。

ポイント
（四角形の面積公式）
→［数式］
→【三角形の面積を表す言葉の式】
の流れが分かるように板書する。

ポイント
式化された時点で，三角形の「底辺」，「高さ」の用語を教え，どこの長さを表すかを理解させる。平行四辺形のときと変わらないので簡単な説明で理解できる。

三角形を2つに切って平行四辺形にしました。

平行四辺形の面積	底辺×高さ
	↓　　↓
[式]	10×(6÷2)　　　[答え] 30cm²
【言葉の式】	底辺×(高さ÷2)

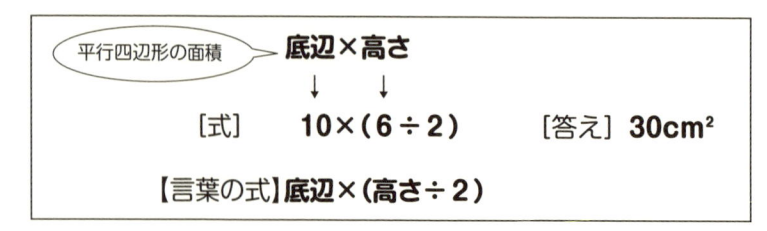

<みちこさんの考え>

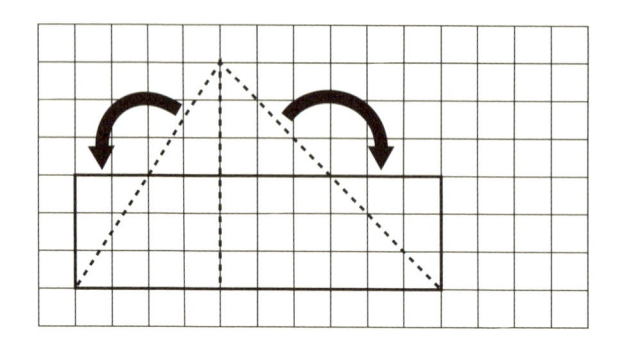

三角形を切って移動して長方形にしました。

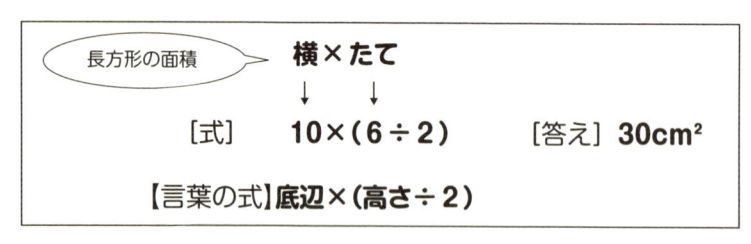

長方形の面積	横×たて
	↓　　↓
[式]	10×(6÷2)　　　[答え] 30cm²
【言葉の式】	底辺×(高さ÷2)

<とおるさんの考え>

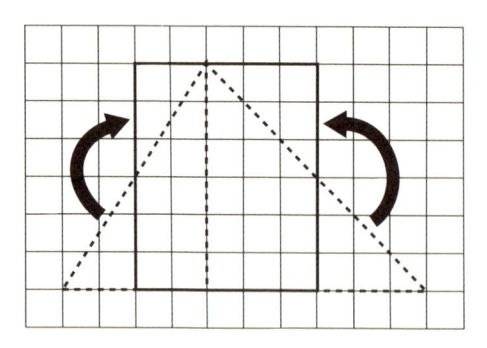

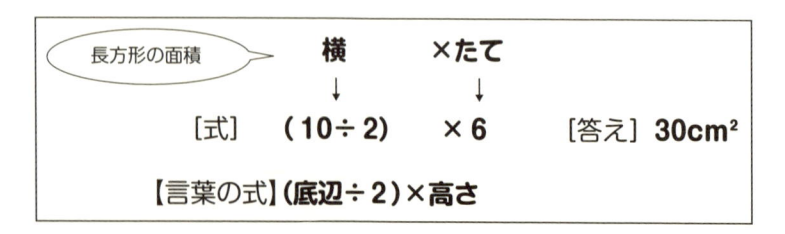

三角形を切って移動して長方形にしました。

長方形の面積	横　　　×たて
	↓　　　　↓
[式]	(10÷2)　×6　　　[答え] 30cm²
【言葉の式】	(底辺÷2)×高さ

ポイント
板書では，移動した後も，もとの形が分かるようにしておく。

ポイント
（10÷2）を（底辺÷2）ととらえることは難しいので，折ったり切ったりして感覚的に底辺の半分になっていることに気付かせたい。

たけしさんとまゆみさんは平行四辺形に変形したんですね。4人とも変形した形は違っても工夫して三角形の面積を出すことができましたね。

次の三角形の面積も同じように求められるかな。

❺ 別の形の三角形で考える。

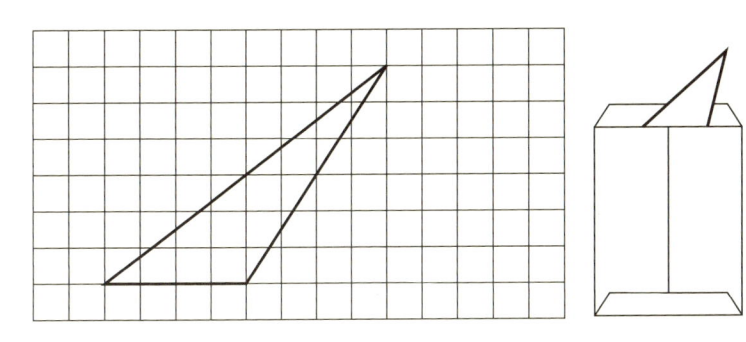

斜めになっているね。

さっきの三角形よりとんがっているね。

90°より大きい角があるね。

＜たけしさんの考え＞

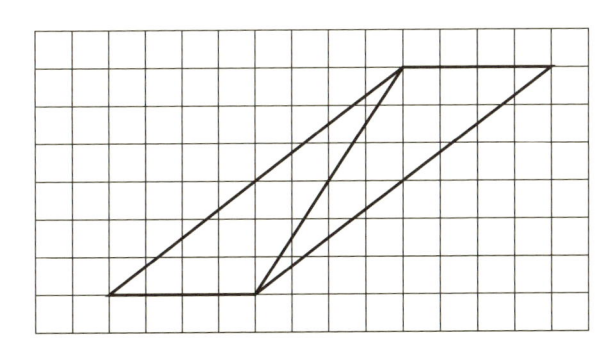

［式］　（4 × 6）÷ 2　　［答え］ **12cm²**

ポイント
4人の考え方の妥当性を検討し，どの考え方でも三角形の面積が求められたことを押さえる。

ポイント
先ほどの4人の考え方が使えるかどうかを考えさせる。

ポイント
封筒から新たな図形をゆっくり引き出し，児童の関心を引く。

◀ワークシート②を配る。

ポイント
ワークシートは児童が試行錯誤しやすいように3枚ずつくらい配布する。

ポイント
前の三角形と違うところを簡単に押さえる。

<まゆみさんの考え>

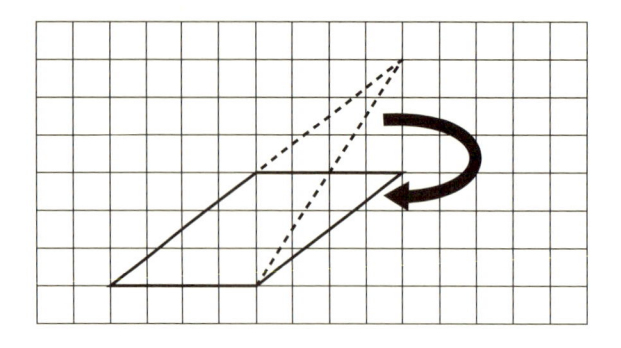

[式]　4×(6÷2)　　[答え] 12cm²

<みちこさんの考え>

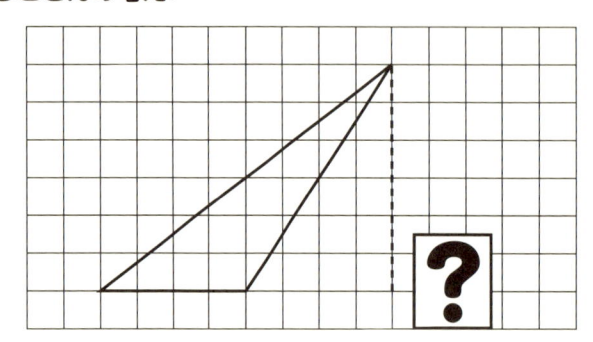

うまく分けられないよ。

とおるさんの考え方もできないみたい。

❻　三角形の面積の求め方を公式にまとめる。

長方形に変形するのは難しくても、平行四辺形に変形する面積の求め方は、どの三角形にも使えそうですね。

（三角形の面積）＝(底辺)×(高さ)÷2

他の形の三角形も平行四辺形に変形できるか試してみましょう。

ポイント
鈍角三角形は、平行四辺形に変形する方法は使えるが、長方形に変形する方法は使いにくいことを押さえる。
他の三角形も平行四辺形に変形して面積を求めることができそうであると類推させる。

ポイント
鈍角三角形を下のように回転させて考える児童もいる。

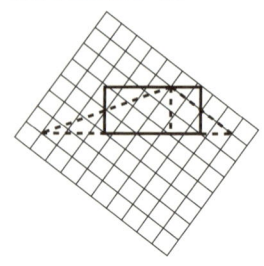

この場合は、長方形に変形できる。しかし、方眼が斜めになるので、ものさしを使わないと辺の長さを求めることができない。
また、次のように底辺と斜辺の中点をとって、平行四辺形に変形することもできる。

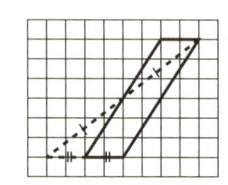

下のように、斜辺の中点をとって動かせば、鋭角三角形になり、長方形への変形も可能である。この場合も、ものさしを使うようにする。

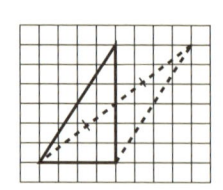

ポイント
a×(b÷2)も(a×b)÷2も答えは同じになることを押さえて、左の公式にまとめる。

| 算数 | 5年イ | 図形の面積 |

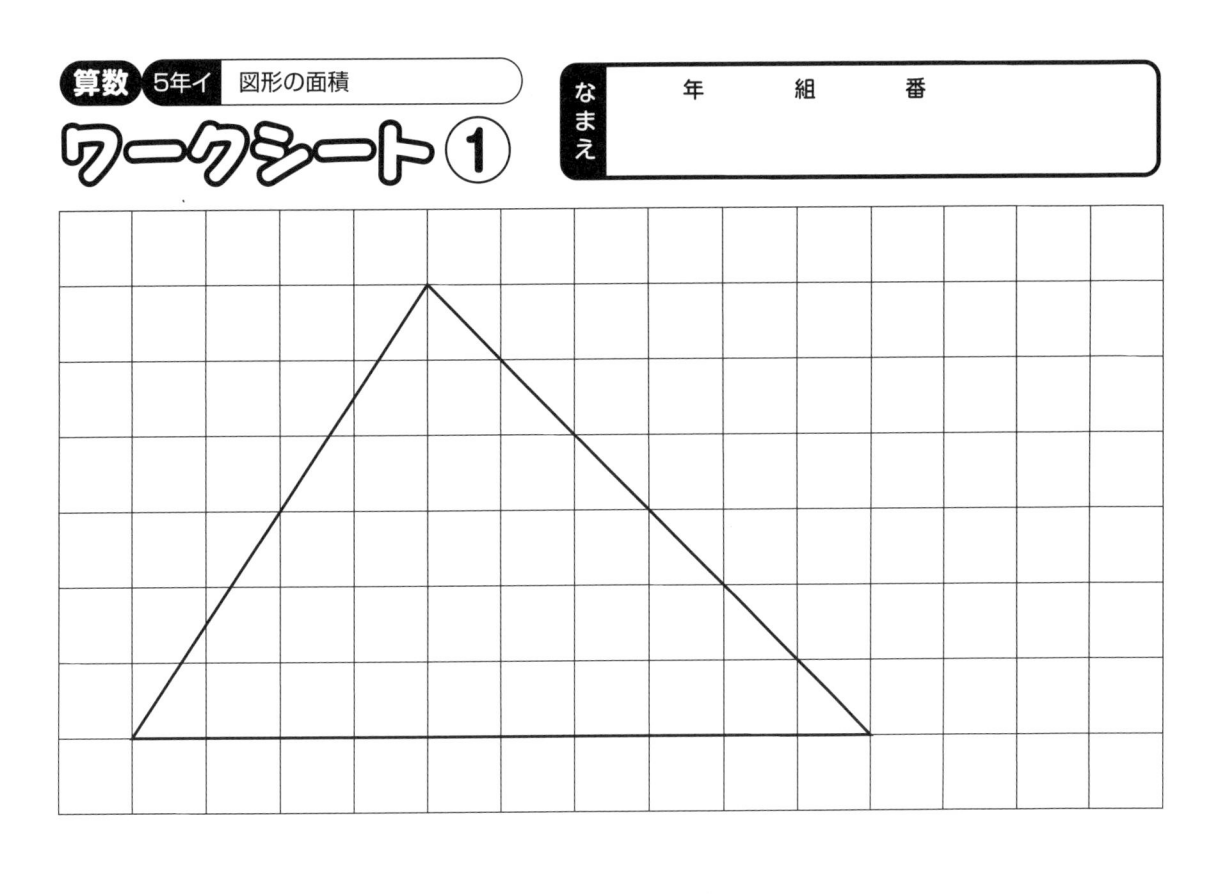

ワークシート①

なまえ　年　組　番

| 算数 | 5年イ | 図形の面積 |

ワークシート②

なまえ　年　組　番

5年 三角形を写し取ろう

合同な図形

(学習院初等科教諭　鈴木純)

◎ **算数的活動　ウ（図形）**
合同な図形をかいたり，作ったりする活動

▶ **内容とねらい**
　三角形のカードを写し取る活動を通して，その活動からどのような情報を得ているかを考える。その過程で，三角形の合同条件に気付かせ，その合同条件はすべて，3点を定める意味を持つことを理解する。

❶ 三角形のカードを切り取り，写し取る。

　カードと合同な三角形をかくにはどうしたらよいでしょう。

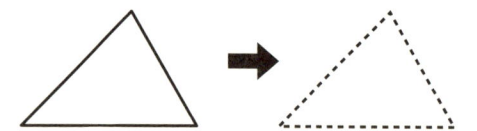

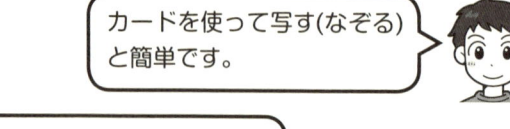

　カードを使って写す(なぞる)と簡単です。

　それでは，カードを使って，写してみましょう。

❷ 写すという活動から分かる情報を考える。
　（3つの辺の長さがそれぞれ等しい）

　カードを使って写すとどうして合同な図形がかけると思いますか。

　3つの辺の長さと等しい長さの辺をそのまま写し取れるからです。

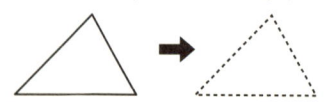

　3つの辺の長さをみんな等しく写し取れれば，合同な三角形がかけますね。

準備
・カード
・ワークシート
・コンパス
・分度器
・定規
・❸で使うカード

◀ カードとワークシートを配る。

ポイント
写す作業を振り返って，そこから得ている情報を考える。

ポイント
なぞらなくても，コンパスで長さを測りとるアイデアもここでは取り扱い，実施するとよい。

ポイント
ワークシートに実際にかく。

ポイント
もし角の大きさに気付く児童が多かった場合は，この後の❸❹の指導の順番を変えてもよい。

▶この活動の流れ（1時間扱い）

※合同という定義については理解していることが前提での指導である。
- ❶ 三角形のカードを切り取り，写し取る。(5分)
- ❷ 写すという活動から分かる情報を考える。(3つの辺の長さがそれぞれ等しい)(10分)
- ❸ 角に注目する。(2つの辺の長さとその間の角の大きさがそれぞれ等しい)(10分)
- ❹ 角に注目する。(1つの辺の長さとその両端の角の大きさがそれぞれ等しい)(10分)
- ❺ 合同な図形をかくには，3つの頂点の位置を定めることが必要であることを理解する。(5分)

※❷の活動から，角に注目する児童もいる。状況により，❸❹の指導の流れは前後することもありえる。

---

❸ 角に注目する。（2つの辺の長さとその間の角の大きさがそれぞれ等しい）

> 合同な三角形をかくのに，辺の長さは3つ写し取らなければいけませんか。他にも方法を考えてかいてみましょう。

ポイント
辺の長さから，角の大きさに注意を向ける。

> 2つの辺を写し取れば，書くことができました。

ポイント
ワークシートに実際にかく。

> それでは，先生が三角形の2つの辺の長さを言えば，合同な三角形をかくことができますか？例えば，みなさんには見えませんが，先生は2つの辺が3cmと4cmの三角形のカードを持っています。同じ三角形をかいてみましょう。

ポイント
2辺だけの例を示すため，別の三角形のカードを用意しておく。

> かくことができませんでした。

> 皆さんが持っているカードでは2つの辺を写し取るとかけたのに，なぜでしょう。

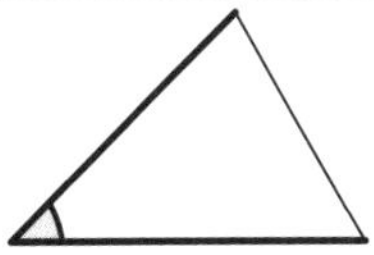

ポイント
2つの辺の長さが分かればかけるという考えが出たとき，その2つの辺が構成する角の大きさも情報として得ていることを気付かせる。

> カードを写し取るときに，2つの辺とその間の開き具合（角）も写し取っていました。

> 2つの辺の長さとその間の角の大きさが分かっても合同な三角形をかくことができますね。

❹ 角に注目する。（1つの辺の長さとその両端の角の大きさがそれぞれ等しい）

- 他に合同な三角形をかく方法はないでしょうか。
- 1つの辺だけでもかけないかなあ。
- 写し取るとき，辺の長さと角の大きさを写し取っているんだよね。
- 1つの辺の長さとその両端の角の大きさが分かると，その2つの角を作る辺をのばせば，辺と辺がぶつかって合同な三角形がかけます。 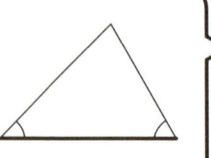
- 1つの辺の長さとその両端の角の大きさが分かっても合同な三角形をかくことができますね。他にはどうでしょう。
- 3つの角の大きさが分かってもかけるかな。
- かいてみると，同じ形だけど大きさがばらばらになってしまうよ。
- 同じ三角形をかくには3つの方法があることが分かりましたね。

ポイント
辺の長さと角の大きさという2つの観点を踏まえながら，他の方法を考えさせる。

ポイント
ワークシートに実際にかく。

ポイント
3つの頂点の位置を定めることに気付かない場合は，3つの角の大きさが分かった場合をもとに考えさせるとよい。

❺ 合同な図形をかくには，3つの頂点の位置を定めることが必要であることを理解する。

- この3つの方法を使うとなぜ，合同な三角形をかけるのでしょう。（3つの角度が分かるときにはなぜかけないのでしょう。）
- 3つの頂点の位置が分かるからです。カードを写し取るときも3つの頂点の位置だけを写し取ればかけます。

ポイント
この学習の後に合同な三角形をかく練習を重ねるとよい。

◆板書例

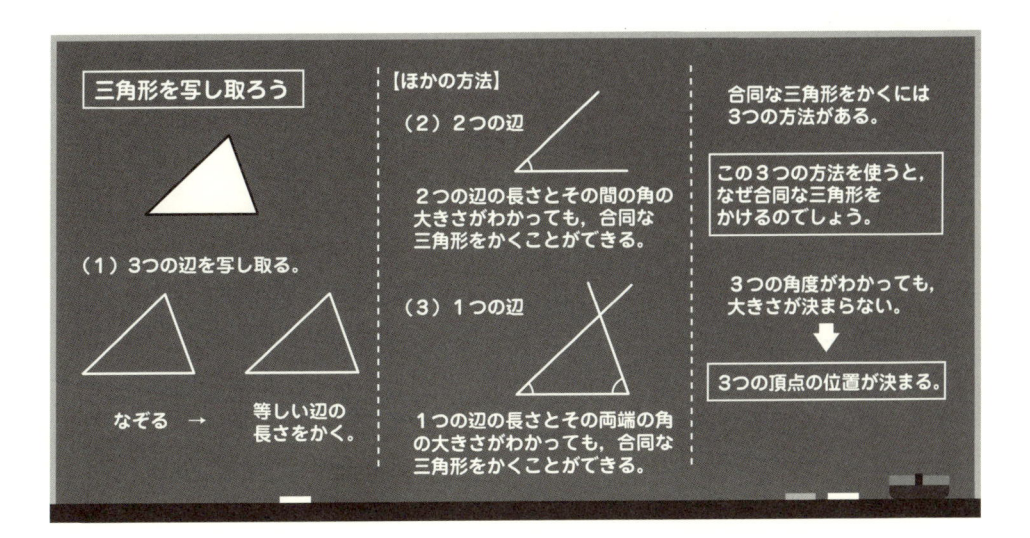

【板書内容】

三角形を写し取ろう

（1）3つの辺を写し取る。

なぞる → 等しい辺の長さをかく。

【ほかの方法】

（2）2つの辺

2つの辺の長さとその間の角の大きさがわかっても，合同な三角形をかくことができる。

（3）1つの辺

1つの辺の長さとその両端の角の大きさがわかっても，合同な三角形をかくことができる。

合同な三角形をかくには3つの方法がある。

この3つの方法を使うと，なぜ合同な三角形をかけるのでしょう。

3つの角度がわかっても，大きさが決まらない。
↓
3つの頂点の位置が決まる。

[三角形のカード]

※コピーしてお使いください。

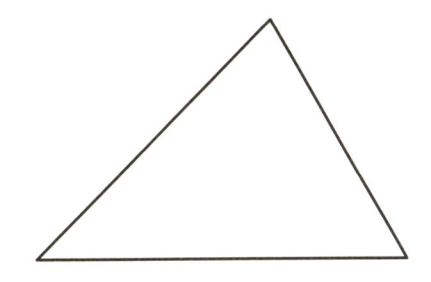

算数　5年ウ　合同な図形

ワークシート

なまえ　　年　　組　　番

5年

四角形の内角の和は何度かな？

図形の性質

（元 山形大学地域教育文化学部講師　笠井健一）

◎算数的活動　エ（図形）
　三角形の三つの角の大きさの和が180°になることを帰納的に考え，説明する活動。四角形の四つの角の大きさの和が360°になることを演繹的に考え，説明する活動

▶内容とねらい
　三角形の3つの角の大きさと四角形の4つの角の大きさの和を考え，説明する。ここでは，いろいろな四角形を調べることを通して，四角形の4つの角の大きさの和が360°になることを帰納的に考え，説明する。また，三角形の3つの角の大きさの和が180°であることをもとにして，四角形の4つの角の大きさの和が360°になることを演繹的に考え，説明する。

❶ 問題場面を理解し，解決の見通しを立てる。

> 昨日は，三角形の内角の和がいつでも180°になることを学習しましたね。
> 今日は，四角形の内角の和について考えましょう。

> 「三角形の内角の和がいつでも180°だ」ということが使えないかしら。

> 三角形のとき考えた方法が使えないかな。

> いろいろな四角形をかいて，考えよう。

> 画用紙で作った同じ大きさの四角形をいくつも用意しました。わからない人はこれを使って考えてみてもいいでしょう。
> どんな方法でもいいので，内角の和がいくつになるのか考えてみましょう。

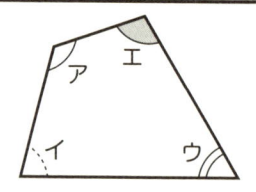

準備
・課題提示用に，左の四角形アイウエを描いた模造紙
・この形に切った画用紙
・方眼紙　児童用と黒板に貼るための説明用
・方眼黒板
・ワークシート

ポイント
　方法の見通しをもたせてから取り組ませる。

◀ワークシートを配る。

ポイント
　場合によっては，多角形の内側の角の和を「内角の和」という言葉で表すことを指導する。

ポイント
　提示した四角形を画用紙で作っていくつも用意しておき，これらを使って考えてもよいことを伝える。

▶この活動の流れ（1時間扱い）

三角形の角の和を前時に終えてからの活動。
❶ 問題場面を理解し，解決の見通しを立てる。（10分）
❷ 四角形の内角の和について考える。（15分）
❸ 四角形の内角の和が360°になることを発表し，話し合う。（15分）
❹ 四角形の内角の和がいつでも360°であることをまとめる。（5分）

▶他単元との関連

平行四辺形や三角形の面積の求め方で考え方が活かせる。

※帰納的考え・演繹的考えについて
　帰納的に考えるとは，幾つかの具体的な例に共通する一般的な事柄を見出すことである。演繹的に考えるとは，すでに正しいことが明らかになっている事柄をもとにして別の新しい事柄が正しいことを説明していくことである。

❷ 四角形の内角の和について考える。
（1）帰納的に考える。
　A．正方形や長方形から考える。
　B．自由にかいた四角形の4つの角度を調べる。
　C．画用紙で作った四角形の4つの角を切り，頂点で合わせて考える。
　D．四角形を敷き詰めて考える。

（2）演繹的に考える。
　E．四角形を1本の対角線で切り，2つの三角形に分けて考える。
　F．四角形の中に点を取って，4つの三角形に分けて考える。

❸ 四角形の内角の和が360°になることを発表し，話し合う。

Aの図のように，正方形や長方形の内角の和は，90°×4で360°です。他の四角形も同じになるのかな。

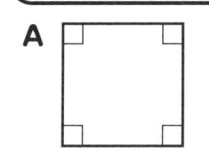

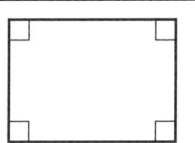

A

自分で適当な四角形をいくつかかいて分度器で測って調べてみました。私のかいた四角形はどれも，4つの角度を合わせたら360°になりました。

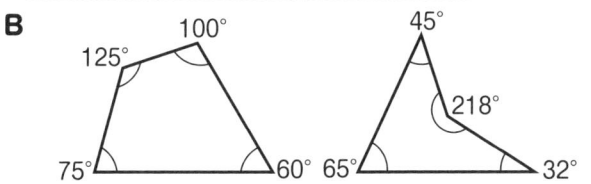

B　100°　45°
125°　　　218°
75°　60°　65°　32°

ポイント

どのように考えたらよいか分からない児童には，三角形のときにどんな方法で考えたのかを思い出させ，同じ方法が使えないかと問う。

ポイント

1つの方法で答えが求められたら，もっと別の考え方で答えが出せないかを問い，方法を変えても答えが変わらないことから，「自分の答えの正しさ」や，「自分の方法の正しさ」の検証をさせる。

ポイント

発表させるときには，最初に具体的な四角形をもとに考えた児童の意見を続けて発表させるようにして，方法を関連付けるようにする。

C

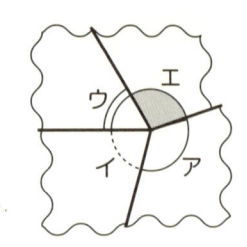

画用紙で作った四角形の角の部分を切って集めてみました。ちょうど1周360°でした。

D

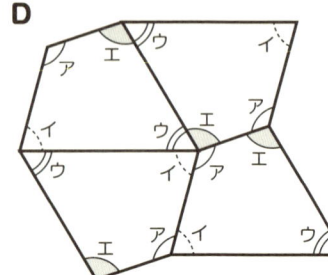

三角形のときのように、四角形を敷き詰めてみました。すると、どの頂点にも4つの角が集まっていました。つまり4つの角の和は360°です。

これまでの説明は、自分で決めた四角形について調べたものですね。このようにいろいろな四角形を調べてもいつでも360°なので、360°でよさそうですね。

E

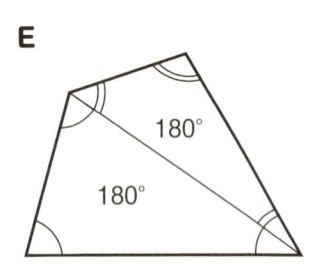

四角形を対角線で切り、2つの三角形に分けて考えました。四角形はいつでも三角形2つに分けられるので、180°×2となります。つまり、いつでも360°です。

F

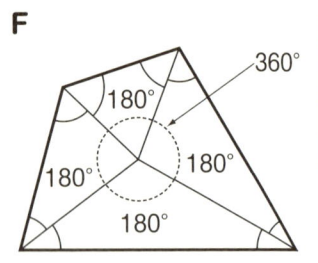

真ん中に点を取って、4つの三角形に分けて考えました。真ん中の360°は内角の和に入らないので引くと、180°×4－360°なので、360°です。

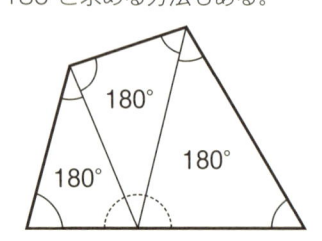

❹ 四角形の内角の和がいつでも360°であることをまとめる。

EやFの考え方は、三角形の内角の和はいつでも180°ということを使って、四角形の内角の和は、いつでも360°ということを説明してくれましたね。このように今までに習って分かっていることを基に説明する仕方も大事ですね。

ポイント

それぞれの考え方のよさに触れるようにする。例えば、「簡単に計算できる。」「いつでも使える方法だ。」その際、「簡単」という意味について、より具体化するようにする。

ポイント

具体的に調べた児童の意見をまとめて帰納的に考えて360°であることを確認する。

ポイント

EやF等の考えを最後に発表させ、演繹的に考えるよさに触れさせる。

ポイント

この他に、下のように四角形の辺上に点を取って、180°×3－180°と求める方法もある。

| 算数 | 5年エ | 図形の性質 |

ワークシート

なまえ　年　組　番

★ 四角形の内角の和について考えましょう。

自分の考え

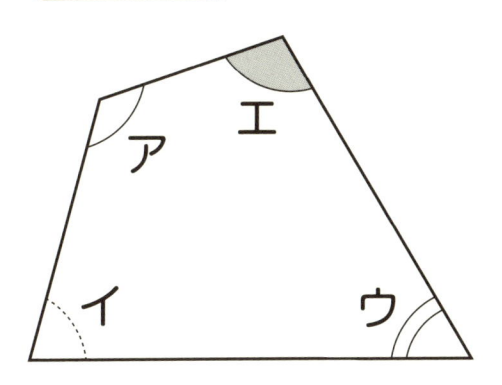

友だちの考え

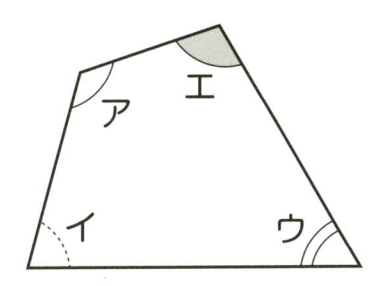

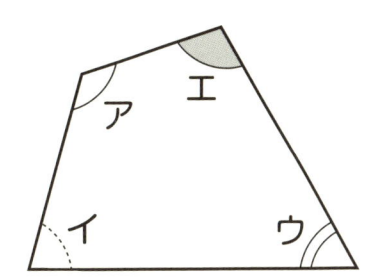

今日学んだこと

5年 分かりやすく情報を伝えよう

円グラフ，帯グラフの活用　（東京学芸大学附属小金井小学校教諭　高橋丈夫）

> ◎算数的活動　オ（数量関係）
> 目的に応じて表やグラフを選び，活用する活動

▶内容とねらい

目的に応じて資料を集めて分類整理し，円グラフや帯グラフを用いて表したり，特徴を調べたりすることができるようにする。

❶ 課題を把握する。

> もうすぐ6年生になります。6年生になると，新1年生のお世話という仕事があります。このときには，けがに気をつけなければいけません。
> けがを予防するために，1年生に適切な声かけをする必要があるので，けがについて調べてみましょう。

T：「けが」について調べるのですが，「けが」の何について調べればいいですか？
C：「原因」
C：「起きた場所」
C：「時間」
T：では，どうすればいいでしょう？
C：保健室に行って「けがの記録カード」を調べてみるといいと思います。

❷ 生のデータの吟味。（データの取捨選択）
・保健室に行って，「けがの記録カード」を調べてみると，そこには「クラス」，「名前」，「性別」，「来た時間」，「けがをした場所」，「何をしていたか」，「けがの種類」，「体のどこにけがをしたか」，「てあて」，「もどる時間」などが書いてありました。
T：みんなは，「原因」と「起きた場所」，「時間」が分かればいい，と言っていましたが，けがを予防するためには，全部の項目が必要でしょうか？
C：「けがの起きた時間」は必要です。
C：「場所」
C：「けがの種類」
C：あとは必要ないと思います。

準備

・保健室にあるけがの記録
※ここでは，以下のものを使用した。
・保健室にあるカードを拡大したもの
・昨年4月の，保健室にあるカードの束のコピー。6班分。

ポイント

生のデータを表やグラフ上に載せるので，「項目」の選択の仕方が重要になる。
「けがを予防する」ためという観点から，「項目」の取捨選択をしていく。「クラス」や「名前」等の個人情報から吟味していくと「項目」の整理がしやすいと思われる。

▶ **この活動の流れ（1時間扱い）**

❶ 課題を把握する。(5分)
❷ 生のデータの吟味。(データの取捨選択)(5分)
❸ データを分かりやすいように表にまとめる。(15分)
❹ 視覚的に分かりやすい「円グラフ」もしくは「帯グラフ」にまとめる。(15分)
❺ グラフから分かることによって，1年生と遊ぶときの工夫についてまとめる。(5分)

❸ データを分かりやすいように表にまとめる。

T：今年の「けがの記録カード」だけでは，今年の1年生のことしか分からないので，昨年と今年と2年間の4月分のけがの記録カードを借りてきました。

時間ごとに整理すると，

2008/4【時間別】

朝	8
20分休み	16
昼休み	4
放課後	0
授業中	3
合計	31

2007/4【時間別】

朝	8
20分休み	48
昼休み	8
放課後	0
授業中	9
合計	73

場所ごとに整理すると，

2008/4【場所別】

校庭	10
中庭	3
教室	17
体育館	0
その他	1
合計	31

2007/4【場所別】

校庭	40
中庭	2
教室	28
体育館	0
その他	3
合計	73

ポイント
取捨選択した項目ごとに，数値でまとめる。項目ごとの表を作る際には，「正」の字などを用いると数えやすいことを思い出させる。

ポイント
表をひと目で見て分かりやすいように，という思いをもたせながら，円グラフや帯グラフにまとめる方向に導く。表やグラフ，それぞれに表すよさを感じさせられるようにする。

けがの種類ごとに整理すると，

2008/4【けがの種類別】

すりきず	14
打ぼく	11
ねんざ	1
鼻血	3
その他	2
合計	31

2007/4【けがの種類別】

すりきず	42
打ぼく	12
ねんざ	10
鼻血	3
その他	6
合計	73

T：表からどんなことが分かりますか。
C：表にすると，いつ，どこで，どんなけがが起きているのか分かりやすくなりました。
C：2007年と2008年を比べると，けがの数が減っているように見えます。
C：確かにそう見えるのですが，けがをした人の人数が違うので，簡単にそう言っていいのか分かりません。
C：例えば，打ぼくした人の人数が同じでも，全体の人数が2007年のほうが多かったら，けがをした人の割合からすると少なくなるので，簡単に人数だけでは比べられないと思います。
T：それでは，どうすればいいでしょう。
C：割合を求めたものも必要だと思います。
T：割合を求めたもの，って何ですか？
C：表です。
C：円グラフか帯グラフです。
T：なるほど，では両方作ってみて，「1年生のけがの傾向」について考えてみましょう。

2008/4【時間別】

朝	26% (8)
20分休み	51% (16)
昼休み	13% (4)
放課後	0
授業中	10% (3)
合計	100%(31)

2008/4【場所別】

校庭	32%(10)
中庭	10%(3)
教室	55%(17)
体育館	0
その他	3%(1)
合計	100%(31)

2008/4【けがの種類別】

すりきず	45%(14)
打ぼく	35%(11)
ねんざ	3%(1)
鼻血	10%(3)
その他	7%(2)
合計	100%(31)

2007/4【時間別】

朝	11%(8)
20分休み	66%(48)
昼休み	11%(8)
放課後	0
授業中	12%(9)
合計	100%(73)

2007/4【場所別】

校庭	55%(40)
中庭	3%(2)
教室	38%(28)
体育館	0
その他	4%(3)
合計	100%(73)

2007/4【けがの種類別】

すりきず	58%(42)
打ぼく	16%(12)
ねんざ	14%(10)
鼻血	4%(3)
その他	8%(6)
合計	100%(73)

❹ 視覚的に分かりやすい「円グラフ」もしくは「帯グラフ」にまとめる。

T：割合で表すと，表のようになりました。では，これを，2007年，2008年ごとに，円グラフで表してみましょう。

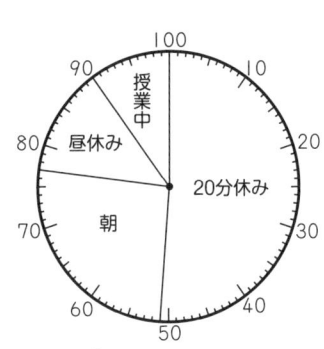

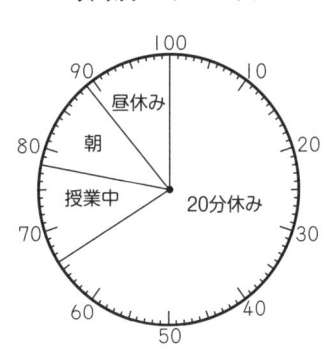

【2008年】
時間別のけがの割合　　場所別のけがの割合 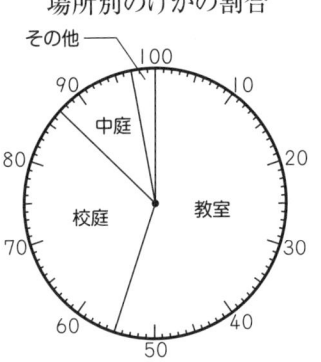　　けがの種類別の割合

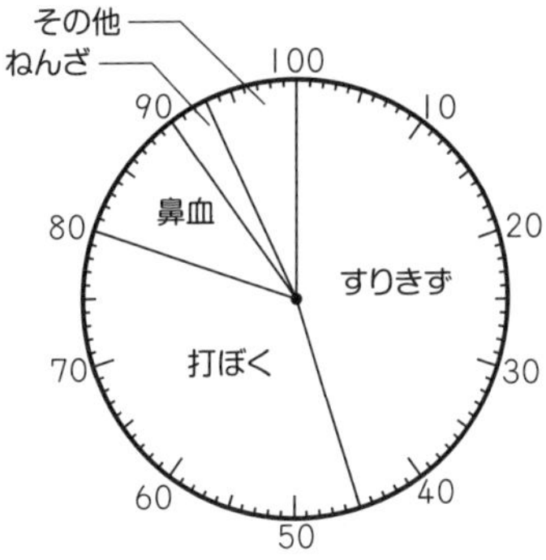

【2007年】
時間別のけがの割合　　場所別のけがの割合 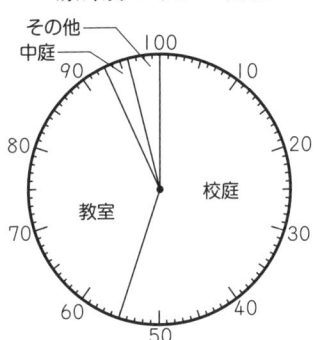　　けがの種類別の割合

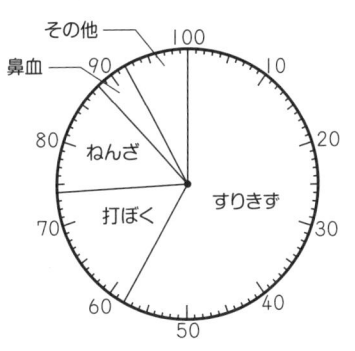

❺ グラフから分かることによって，1年生と遊ぶときの工夫についてまとめる。

T：表や円グラフから，気を付けなければいけないことは何でしょう。

C：2007年より2008年の方が20分休みにけがをする人は減っていますが，全体の半分以上の割合になるので，けがが多いことが分かります。20分休みは注意したいと思います。

C：2007年と2008年では，順位が変わっていますが，けがは，教室と校庭でのけがが多いので，中庭や体育館などに一緒に行って，遊びたいです。

C：2007年より2008年の方が打ぼくは減っていますが，けが全体にしめる割合は増えています。

C：打ぼくはぶつかった場合に起こるので，なるべく広い場所で遊ぶようにしたいと思います。

C：すりきずが多いことと，教室でのけがが多いことから，教室での遊び方を工夫したいです。

T：今日，分かったことをもとに，けがに注意しながら1年生と遊びましょう。

ポイント

　グラフを読み直し，1年生と遊ぶときに必要な工夫をまとめることを通して，グラフにまとめることや資料の整理をすることの有用性を感じられるようにする。

　事前に予想を立てさせてはいないが，グラフを作成する前と後で感じたことの違いを発表させてもおもしろい。

〈けがの記録カード〉（2008年4月）

日にち	クラス	なまえ	性別	来た時間	けがの起きた時間	どこで	何をしていたか	けがの種類	けがの場所	手当	戻る時間
4月9日	1の1	石田	男	9:50	朝			鼻血	鼻	止血	10:00
4月9日	1の4	後藤	男	10:38	20分休み	校庭	おにごっこ	すりきず	ひざ	消毒	10:46
4月9日	1の4	松永	女	10:49	20分休み	教室		きりきず	指	絆創膏	10:58
4月9日	1の4	大谷	男	11:57	4時間目	教室		ひりひり	指	ひやす	11:59
4月9日	1の3	伊達	男	13:10	昼休み	教室	帰りの用意	さしきず	指	消毒	13:12
4月9日	1の2	黒田	男	13:12	昼休み	教室		すりきず	指	絆創膏	13:14
4月11日	1の1	中村	女	8:23	朝	教室		すりきず	ひざ	絆創膏	8:25
4月11日	1の3	浅井	女	8:55	朝	教室		すりきず	ひざ	消毒	9:00
4月11日	1の2	小山田	男	10:48	20分休み	教室		打ぼく	ひざ	消毒	10:53
4月11日	1の4	板垣	男	8:55	朝	教室		打ぼく	ひざ	ひやす	8:57
4月14日	1の4	村上	女	10:34	20分休み	教室	工作	きりきず	指	消毒	10:37
4月15日	1の2	安東	女	10:35	20分休み	教室		体調不良		検温	10:40
4月15日	1の4	成田	男	8:10	朝	中庭		すりきず	指	絆創膏	8:15
4月15日	1の1	山本	男	10:25	20分休み	校庭		打ぼく	足	ひやす	10:30
4月16日	1の1	荒木		8:55	朝	教室		鼻血	鼻	止血	9:30
4月16日	1の1	吉川	女	10:10	2時間目	校庭		すりきず	指	消毒	10:40
4月16日	1の1	真田	女	10:15	20分休み	教室		鼻血	鼻	止血	10:20
4月16日	1の2	加藤	女	8:30	朝	中庭	転んで	打ぼく	頭	ひやす	8:35
4月16日	1の4	佐久間	男	10:15	20分休み	校庭		ねんざ	足	ひやす	10:20
4月16日	1の1	三好	男	12:50	昼休み	校庭	おにごっこ	打ぼく	指	ひやす	12:55
4月17日	1の2	織田	女	10:30	20分休み	校庭	おにごっこ	打ぼく	うで	絆創膏	10:32
4月17日	1の1	小早川	女	10:40	20分休み	中庭	うんてい	打ぼく	ひざ	絆創膏	10:45
4月17日	1の3	武田	男	10:35	20分休み	校庭		すりきず	足	絆創膏	10:40
4月18日	1の3	堀	男	13:20	昼休み	中庭	体育	打ぼく	うで	ひやす	13:25
4月18日	1の2	真田	男	10:25	20分休み	校庭	おにごっこ	打ぼく	頭	ひやす	10:30
4月22日	1の3	佐竹	男	10:12	2時間目	中庭		打ぼく	顔	ひやす	10:20
4月23日	1の2	斎藤	女	10:42	20分休み	校庭		すりきず	ひざ	絆創膏	10:45
4月24日	1の1	竹中	男	8:40	朝	校庭の池		すりきず	足	絆創膏	8:45
4月25日	1の4	小西	男	10:25	20分休み	教室		すりきず	ひざ	絆創膏	10:28
4月28日	1の2	木下	男	10:30	20分休み	教室		鼻血	頭	絆創膏	10:35
4月29日	1の2		女	10:40	20分休み	教室		打ぼく	足	ひやす	10:43

| 算数 | 5年オ 円グラフ,帯グラフの活用 |

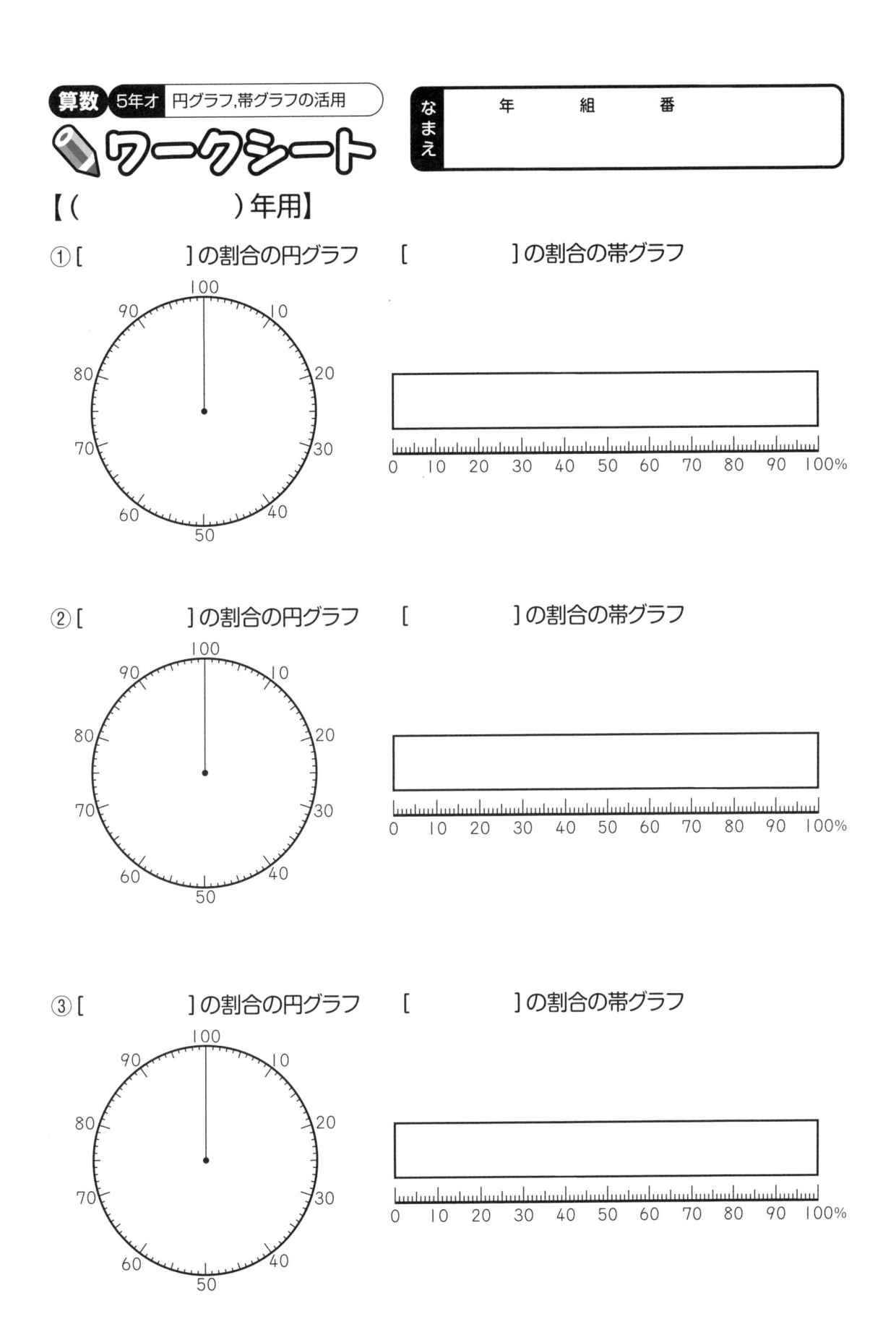

ワークシート

なまえ　年　　　組　　　番

【(　　　　)年用】

① [　　　　]の割合の円グラフ　　[　　　　]の割合の帯グラフ

② [　　　　]の割合の円グラフ　　[　　　　]の割合の帯グラフ

③ [　　　　]の割合の円グラフ　　[　　　　]の割合の帯グラフ

6年 ぼうの重さを求めよう

分数のかけ算

（神奈川県相模原市立川尻小学校教諭　野中太一）

◎算数的活動　ア（数と計算）
分数についての計算の意味や計算の仕方を，言葉，数，式，図，数直線を用いて考え，説明する活動

▶内容とねらい
分数のかけ算の仕方を数直線などを通して考え，計算の仕方を知る。

---

❶ 問題の構造をつかみ，それを言葉の式，絵，数直線で表す。

> 1mの重さが□kgのぼうがあります。
> このぼう□mの重さは何kgでしょう。

（男子）□の中に数を入れて，式に表しましょう。

（女子）2 kg

（女子）3 m

【式】　　　　　2　×　3　＝　6
【言葉の式】　1mの重さ　×　ぼうの長さ　＝　ぼうの重さ

（男子）数直線に表してみましょう。

ポイント
児童に□の中に好きな数を入れさせて，問題文全体を読ませる。

□の中に分数や小数を入れる児童もいれば，整数を入れる児童もいる。いろいろな数が入ることを押さえた後，この問題がかけ算の問題であることをつかませるために，整数の場合を取り上げる。

ポイント
式に表れた数が何を意味するかを明確にして，言葉の式にまとめる。これが，分数のかけ算のときに役立つことになる。

▶この活動の流れ（1時間扱い）

※（分数）×（分数）の導入
- ❶ 問題の構造をつかみ，それを言葉の式，絵，数直線で表す。（10分）
- ❷ 数値を分数にして式化する。（15分）
- ❸ 数直線や絵をかいて計算の仕方を考える。（15分）
- ❹ 分数×分数の計算の仕方をまとめる。（5分）

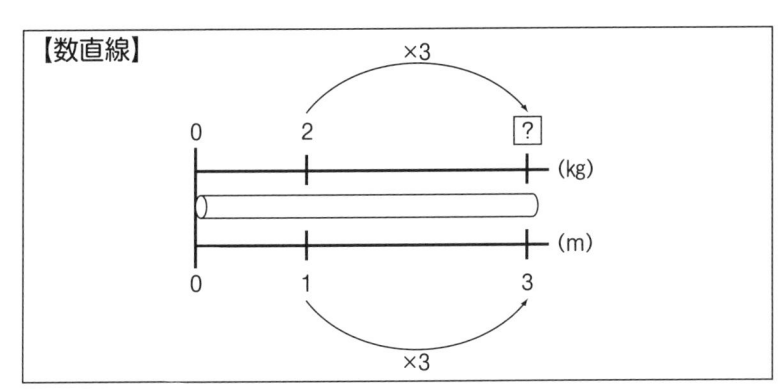

【数直線】

> 数直線からも式が導けますね。
> 2 × 3 = ?

❷ 数値を分数にして式化する。

> 1mの重さが $\frac{3}{4}$ kgのぼうがあります。
> このぼう $\frac{2}{3}$ mの重さは何kgでしょう。

> 式はどうなりますか。

> さっきの【言葉の式】にあてはめればいいんじゃない？

> 【数直線】をかけば，式ができるかもしれない。

ポイント〔数直線のかき方〕

児童と手順を確認しながらかくことが大切になる。

（1）ぼうの絵をかく。

（2）長さと単位をかく。

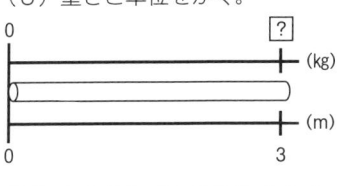

（3）重さと単位をかく。

（4）与えられている条件をかく。

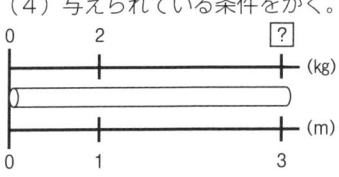

（5）基準量1から矢印をかいて何倍かを明記する。

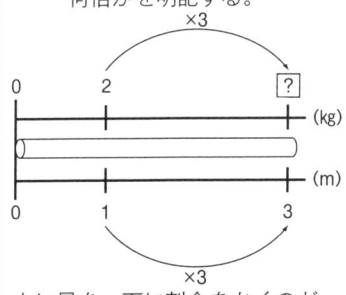

上に量を，下に割合をかくのが一般的である。

【言葉の式】 1mの重さ × ぼうの長さ = ぼうの重さ

【式】 $\frac{3}{4}$ × $\frac{2}{3}$

【数直線】

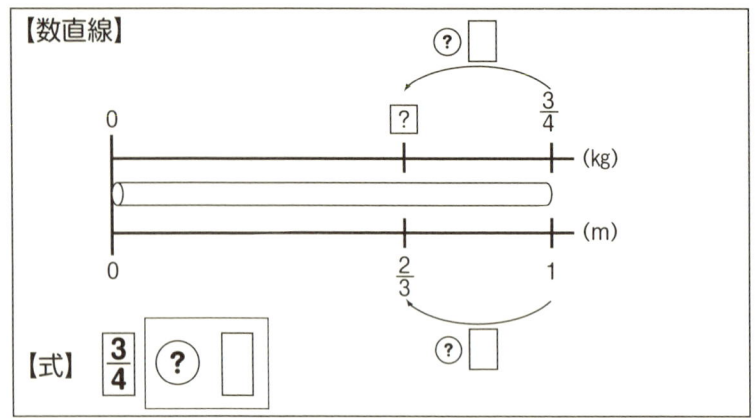

【式】 $\frac{3}{4}$? □

- 【言葉の式】にあてはめると，(分数)×(分数)になったね。
- $\frac{3}{4} \times \frac{2}{3}$ どうやって計算するんだろう。 
- 【数直線】に表すと，答えが $\frac{3}{4}$ より小さくなることが分かるね。 
- でも，1を $\frac{2}{3}$ にする方法がわからないわ。【数直線】からは，式を立てるのは無理みたい。 

❸ 数直線や絵をかいて計算の仕方を考える。

- $\frac{3}{4} \times \frac{2}{3}$ の計算の仕方を考えましょう。
- 絵をかいて考えてみようかな。 

ポイント 〔数直線からの立式〕

ここでは，【数直線からは，積が小さくなることだけが分かり，式化はできない】と表現したが，以下のように考えて式化する児童もいる。

・小数のときの場合を例に挙げて立式する。

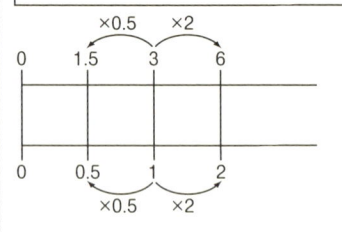

・整数だけでなく小数でもかけ算で表せる。
・1より大きい場合だけでなく，1より小さい場合もかけ算で表せる。

分数も小数もはしたを表す数であるから，1より小さい分数もかけ算で表せるだろう。

【式】 $1 \times \frac{2}{3} = \frac{2}{3}$

$\frac{3}{4} \times \frac{2}{3}$

・割合の考えを用いて立式する。

「重さは，$\frac{3}{4}$ kgを1とみたときの $\frac{2}{3}$ にあたる。」

【たけしさんの考え】

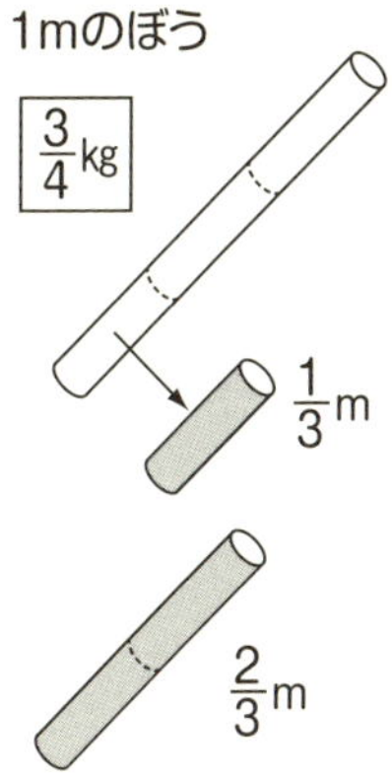

1mのぼう $\frac{3}{4}$kg

$\frac{1}{3}$mの重さは…

$$\frac{3}{4} \div 3 = \frac{3}{4 \times 3} \text{kg}$$

$\frac{2}{3}$mはそれが2つ分で…

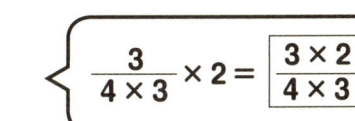

$$\frac{3}{4 \times 3} \times 2 = \frac{3 \times 2}{4 \times 3}$$

たけしさんのように考えれば、【数直線】を使っても計算できそうだわ。

そうか。$\frac{1}{3}$ の重さを先に求めればいいんだね。

【みゆきさんの考え】

【数直線】

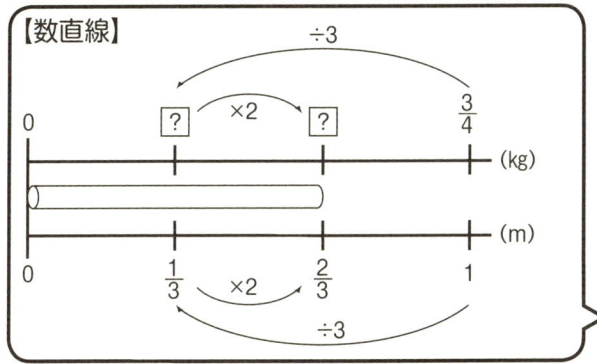

$$\left(\frac{3}{4} \div 3\right) \times 2 = \frac{3}{4 \times 3} \times 2 = \frac{3 \times 2}{4 \times 3}$$

たけしさんもみゆきさんも同じ式になったね。

❹ 分数×分数の計算の仕方をまとめる。

$$\frac{3}{4} \times \frac{2}{3} = \frac{3 \times 2}{4 \times 3}$$

(分数)×(分数)は分母どうし、分子どうしをかけて計算します。

ポイント

ここでは,

$$\frac{\triangle}{\bigcirc} \times \frac{\pentagon}{\square} = \frac{\triangle \times \pentagon}{\bigcirc \times \square}$$

であることを「絵」と「数直線」を使って考える場合を挙げている。もう1つ,「式を変形」して考える方法を扱うと児童の理解が深まる。

・児童が使える考え方

$$\frac{\triangle}{\bigcirc} \times \square \quad 分数 \times 整数$$

$$\frac{\triangle}{\bigcirc} \div \square \quad 分数 \div 整数$$

・$\frac{3}{4} \times \frac{2}{3}$ を何とか上の2つの式に変形できないかと考える。
・$\frac{2}{3}$ (乗数)を整数にする考え方

$$\frac{3}{4} \times \left(\frac{2}{3} \times 3 \div 3\right)$$

$$= \frac{3}{4} \times \left(\frac{2 \times 3}{3} \div 3\right)$$

$$= \frac{3}{4} \times 2 \div 3$$

$$= \frac{3 \times 2}{4 \times 3}$$

ある数に同じ数をかけて同じ数でわっても元の数と変わらないという性質を使っていることを押さえることが大切である。

6年

おやっ見たことない単位が書いてある
メートル法の単位の仕組み

（埼玉県滑川町立宮前小学校教諭　小林徹）

> ◎算数的活動　イ（量と測定）
> 　身の回りで使われている量の単位を見付けたり，それがこれまでに学習した単位とどのような関係にあるかを調べたりする活動

▶内容とねらい
　新しい単位に出会ったとき，メートル法の単位の仕組みについて学んだことを活用して類推し，その量の大きさを考えるとともに，メートル法のよさを実感を伴って理解する。

❶ 問題を自分の力で解く。

> スーパーでミネラルウォーターを買ったら，ペットボトルにこんな単位が書いてあったよ。
>
> A社　50cℓ　　　B社　500mℓ

先生：2つのペットボトルを並べてみると，同じくらいの大きさに見えるし，中身も同じくらい入っているように見えますね。

男子：でも，単位が違うよ。だから，入っている量は違うはずだよ。

先生：先生もそう思って，2つのペットボトルの重さを測ってみたら，ほとんど同じでした。だから，量も同じだと思うけどな。

女子：「cℓ」って単位は，初めて見たけれど，なんて読むのかな。「センチリットル」でいいのかな。

男子：長さの学習で「cm」は習ったけれども，「センチリットル」って，何か関係があるのかな。

先生：いいところに気が付きましたね。それでは，「cm」の学習をもとにして，「センチリットル」の大きさを考えてみましょう。

準備
・ワークシート

ポイント
　2つのペットボトルの見かけの大きさが同じくらいということから，問題意識を高めていく。

ポイント
　2つのペットボトルの重さがほとんど同じということから，中身の量は同じではないかと見通しを持たせていく。

ポイント
　「センチリットル」という用語の読みを押さえる。

ポイント
　既習事項との関連から，解決の糸口を見つけていくようにさせる。

◀ワークシートを配る。

▶**この活動の流れ（1時間扱い）**
❶ 問題を自分の力で解く。（12分）
　（「cm」の学習をもとにして，「センチリットル」の大きさを考える。）
❷ 話し合いをまとめる。（5分）
❸ 既習の単位を表にまとめる。（8分）
❹ 単位に付いている記号の意味をまとめる。（10分）
❺ 新しい単位に気が付く。（5分）
❻ 単位の仕組みに気が付く。（5分）

1mは100cmだから，1cmは1mの100分の1ということになるね。

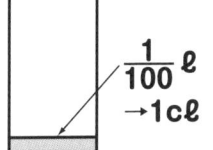

1m
$\frac{1}{100}$ m → 1 cm

$\frac{1}{100}$ ℓ → 1cℓ

では，1ℓの$\frac{1}{100}$の量が1cℓということになるわ。
50cℓは，$\frac{50}{100}$ℓということになるわね。

えーと，1mℓは1ℓの$\frac{1}{1000}$の量だったから，500mℓは$\frac{500}{1000}$ℓとなるね。

あれっ。$\frac{500}{1000}$と$\frac{50}{100}$は，$\frac{1}{2}$となるよ。2つの量は，同じだったんだね。

ポイント
児童にとって，単位の換算は，形式的になりやすいところなので，指導にあたっては，数直線や図を使い，視覚的に確認しやすいようにする。

ポイント
体積の単位の「c（センチ）」は，長さの単位の「c」と同じ意味を持つことを伝える。

❷ 話し合いをまとめる。

まず，1cm＝$\frac{1}{100}$mだから
　　　1cℓ＝$\frac{1}{100}$ℓとなる。
　　　50cℓ＝$\frac{50}{100}$ℓ＝$\frac{1}{2}$ℓである。
次に，1mℓ＝$\frac{1}{1000}$ℓだから
　　　500mℓ＝$\frac{500}{1000}$ℓとなる。
　　　$\frac{500}{1000}$ℓ＝$\boxed{\frac{50}{100}ℓ＝\frac{1}{2}ℓ}$である。
だから　50cℓ＝500mℓ

❸ 既習の単位を表にまとめる。

👩‍🦰 今まで学習してきた単位を、表にまとめてみよう。

k キロ	h ヘクト			d デシ	c センチ	m ミリ
1km			m メートル		1cm	1mm
1kg			g グラム			1mg
1kℓ			ℓ リットル	1dℓ	1cℓ	1mℓ
	1ha		a アール			
1000倍	100倍	10倍	意味	$\frac{1}{10}$	$\frac{1}{100}$	$\frac{1}{1000}$

ポイント
ワークシートの下段の表を使用する。
まず、「k（キロ）」と「m（ミリ）」の欄から埋めていくようにする。

❹ 単位に付いている記号の意味をまとめる。

👩‍🦰 それぞれの単位に付いている記号の意味を考えてみよう。

👧 「キロ」のグループは、みんなもとの量の1000倍になっているわ。だから、「k」という記号は、1000倍を表しているのね。

👦 同じように見ていくと、「ヘクト」は、もとの量の100倍になってるね。だから、「h」という記号は、100倍を表しているんだね。

👦 「ミリ」のグループは、みんなもとの量の1000分の1になっているぞ。だから、「m」という記号は、1000分の1を表しているんだ。「キロ」の逆になっているんだね。

ポイント
単位についている記号がそれぞれもとの大きさのいくつ分を表しているかを捉えさせていくようにする。

❺ 新しい単位に気が付く。

👧 表にまとめてみると、10倍のところが抜けているわ。何か新しい単位があるのかも。

👩‍🦰 「da」と書いて「デカ」と読み、10倍の意味を表す記号があります。

ポイント
10倍のところが空欄になっていることに気付かせ、「daデカ」という新しい単位を知らせる。

❻ 単位の仕組みに気が付く。

👦 もとになっている単位に付いている記号は、それぞれ10倍ずつ大きくなっていったり、10分の1ずつ小さくなっていったりしているね。

ポイント
メートル法の単位の仕組みでは、10倍（$\frac{1}{10}$倍）ごとに単位に付く記号を変えて大きさを表していることを押さえる。

算数	6年イ メートル法の単位の仕組み

ワークシート

なまえ　年　組　番

1 「50cℓ」はどのくらいの量か，考えてみましょう。

2 いろいろな単位を表にまとめましょう。

k キロ						m ミリ
			m メートル			
			g グラム			
			ℓ リットル			
			a アール			
			意味			

気がついたこと

6年

この形，同じかな？ 違うかな？
拡大図と縮図

（東京都目黒区立東山小学校教諭　守屋大貴）

◎算数的活動　ウ（図形）
　身の回りから，縮図や拡大図，対称な図形を見付ける活動

▶内容とねらい
　同じ形の図形（拡大図・縮図，合同）を，用具を用いて調べる算数的活動と，同じ形の図形である理由を説明する算数的活動である。互いの考えを伝え合いながら検討することを通して，拡大や縮小の意味を理解する。

❶ どんな問題かな。

　い〜かの図形は，あの図形と同じ形か違う形か仲間分けしましょう。そして，なぜそのように考えたのか理由も説明しましょう

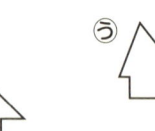

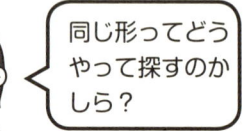

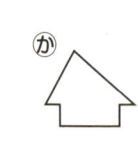

　よし，やるぞ！

　同じ形ってどうやって探すのかしら？

　形が一緒なら，大きさは違ってもいいのかな？

❷ 自分の力で解こう。
C1：あを切り取って，他の図形と重ねてみよう。
C2：定規と分度器を使って，辺や角度を調べてみよう。
C3：いは角度や辺の長さが違うところがある。
C4：うはあとぴったり重なった。2つは合同な図形だ。
C5：えは全ての角度が同じだわ。辺の長さがそれぞれあの3倍になってる。
C6：おも全ての角度が同じだ。でも，辺の長さがそれぞれあの半分になってるなぁ。
C7：かは角度の違うところがあるぞ。

準備
・ワークシート（児童配布用）
・ワークシート（黒板掲示用）
・児童が必要と考えるもの（定規，分度器，はさみ等）
・画用紙（全体に見えるように大きくかき表す）または，実物投影機（ノートを投影する）
　あらかじめ，あの図形を別に印刷しておくのもよい。

◀ワークシートを配る。

ポイント
　「❷自分の力で解こう」は，これまでの学習を活用して「見付ける活動」である。主に，切り取って重ねたり，定規や分度器などの用具を使ったりして行う作業的な算数的活動である。

ポイント
　問題が解けた児童には説明に必要な絵や図などを画用紙にかかせたり，説明を練習させたりする。

▶ **この活動の流れ（1時間扱い）**

前時までに「合同」や「よく似た2つの図形の角の大きさや辺の長さの関係を理解する」などの学習を終えている。本時は，「拡大図や縮図の意味を理解する」学習を算数的活動や友達との伝え合いを通して行う。

学習指導要領に示されたここでの算数的活動は「見付ける活動」なので，ワークシートでの学習を生かして，身の回りで見られる拡大図や縮図，対称な図形を見付ける活動へつなげたい。

❶ どんな問題かな。（7分）
❷ 自分の力で解こう。（15分）
❸ 友達と説明し合おう。（18分）
❹ 学習をまとめよう。（5分）

❸ 友達と説明し合おう。

> ㋐の図形と同じ形と違う形に仲間分けできましたか？

C8：はい。同じ形は㋒だけです。その他は違う形です。
C9：私は，㋒だけでなく㋔や㋕も同じ形だと思います。
C8：そうかな？　だって，㋔や㋕は大きさがちがうよ。

> では，㋑の図形から順番に，なぜ同じ形だと考えたのか理由を説明し合いながら，一緒に考えましょう。

C10：㋑は角度が違っているので，同じ形ではないです。
C11：私もそう思います。2つの図形を重ねてすかしてみたら，重なる辺と重ならない辺がありました。だから同じ形ではないです。
C12：㋒は㋐とぴったり同じ形でした。
C13：あ，前に習った合同だね。
C14：㋔は角度が同じです。だから，同じ形だと思います。
C15：でも，大きさが違うよ。大きさが違うから同じ形ではないよ。
C14：問題は「形」を聞いてるから，大きさは関係ないんじゃないかな。
C15：そうか！　形は同じだけど，大きさの違う形だ。

> そうですね。今回は「形」だけが問われているので，大きさは違っていてもいいのです。

C16：角度が全て等しい図形どうしは同じ形になるんだね。

> よく気が付きましたね。C16さんの話している角度のことを「対応する角の大きさ」と言います。同じ形では対応する角の大きさがそれぞれ等しくなっています。

ポイント❗

「❸友達と説明し合おう」は，主に，考えたことを表現したり説明したりする算数的活動である。

ポイント❗

説明は言葉だけでなく，絵や図なども活用することで，分かりやすい説明を心掛けさせる。

友達の説明を聞き，さらに付け加えたいことや質問などがあったら発言させる。意見や疑問を全体で検討することで，学習を深めたい。

児童の使った言葉や説明を生かしながら，児童自身が大切な言葉や学習内容を気付くように，教師が文言の整理や板書をする。

また，そのような発言のできた児童を誉めたり評価したりして，説明の仕方を理解できるように配慮する。

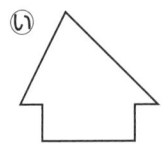

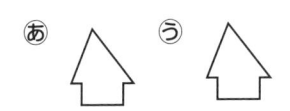

C17：私はあとえのそれぞれの辺の長さを測ってみました。そうしたら，どの辺もえはあの3倍になっていました。

> C17さんの説明してくれた辺のことを「対応する辺」と言います。対応する辺の長さの比がそれぞれ等しいときも，同じ形になりますね。あとえは1：3の比になっています。

C18：おも対応する角の大きさが同じでした。だから，おも同じ形です。
C19：あとおの対応する辺の長さの比も等しくて，2：1でした。
C20：それは，1：$\frac{1}{2}$ とも言えるね。

> 同じ形で大きくのばした図を拡大図，小さく縮めた図を縮図と言います。えはあの3倍の拡大図，おはあの$\frac{1}{2}$の縮図と言えます。

C21：あ！　合同な図形どうしは，対応する辺の長さの比が1：1になってるね。
C22：かは対応する角の大きさが違います。だから，同じ形ではありません。
C23：対応する辺の長さの比も違います。
C24：問題の答えは，同じ形がうえおで，違う形がいかです。

> そうです。
> さて，これまで学習した「図形」や「合同」，友達の発表した言葉を使って，分かりやすく説明できました。

❹ 学習をまとめよう。

> 今日は同じ形と違う形に仲間分けして，その理由を説明する学習をしました。
> 同じ形で大きくのばした図を拡大図，小さく縮めた図を縮図と言うことも学びましたね。
> では，身の回りで，拡大図や縮図になっているものはあるかな？

C25：地図は縮図になっています。
C26：コピー機は縮図も拡大図もできるわ。

> まだまだ身の回りにはたくさんの拡大図や縮図がありそうですね。見つけたらみんなや先生に教えてください。

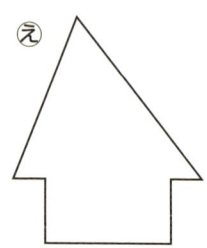

ポイント

2つの図形で，形も大きさも等しいときに，これら2つの図形は「合同」であるという。
大きさは無視して，形だけが等しいときは「相似」であるという。拡大図と縮図は，本質的には相似な図形のことである。

ポイント

授業中に出た児童の言葉を生かしてまとめるように心掛ける。

ポイント

学習の日常化をはかる。

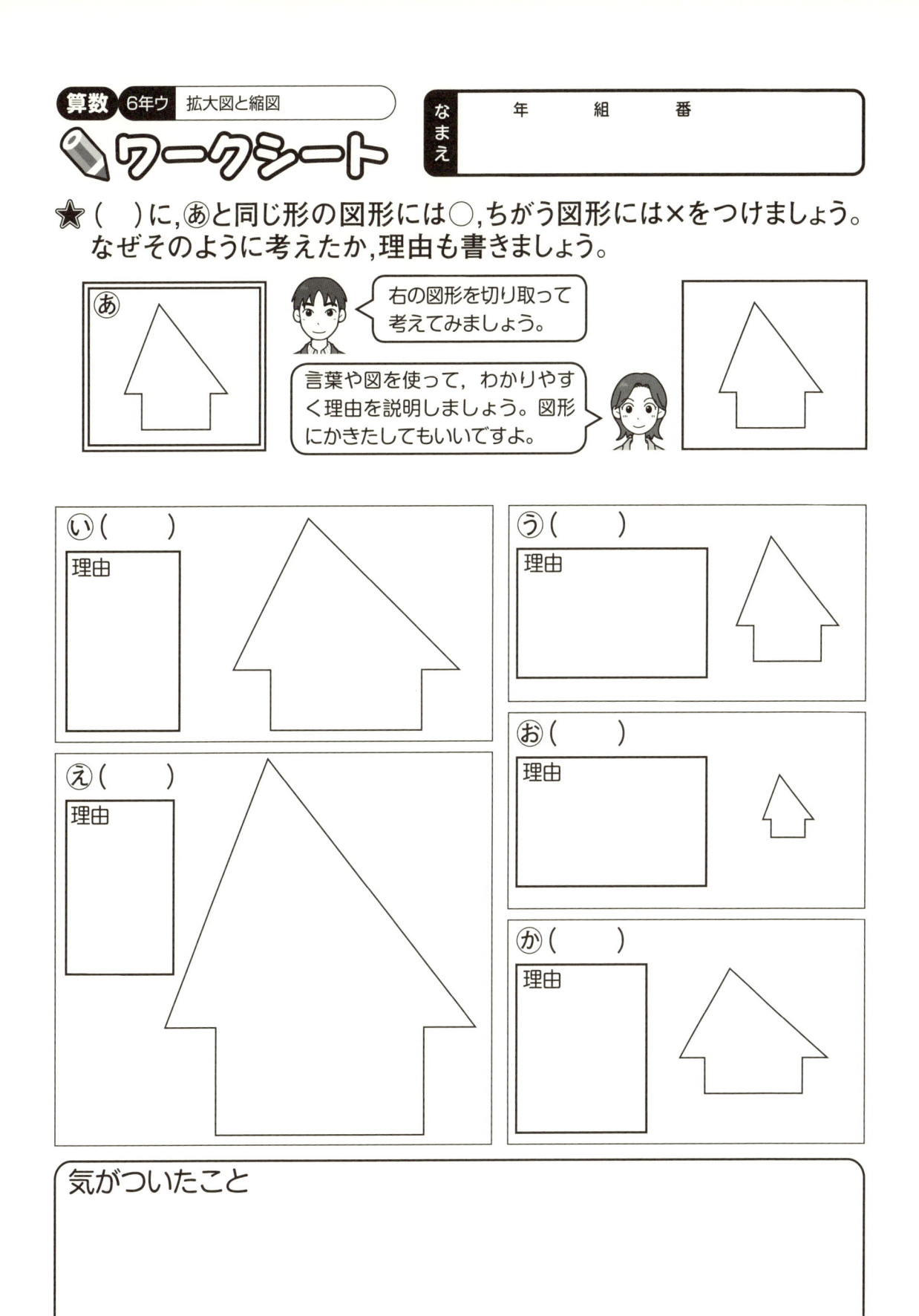

算数 6年ウ 拡大図と縮図

ワークシート

なまえ　年　組　番

★（　）に，あと同じ形の図形には○，ちがう図形には×をつけましょう。
なぜそのように考えたか，理由も書きましょう。

あ

右の図形を切り取って
考えてみましょう。

言葉や図を使って，わかりやすく理由を説明しましょう。図形にかきたしてもいいですよ。

い（　）
理由

う（　）
理由

え（　）
理由

お（　）
理由

か（　）
理由

気がついたこと

6年 「数えなくてもわかっちゃう」って本当？
比例

(東京都目黒区立東山小学校教諭　守屋大貴)

◎算数的活動　エ（数量関係）
身の回りから，比例の関係にある二つの数量を見付けたり，比例の関係を用いて問題を解決したりする活動

▶内容とねらい
　紙の枚数と重さや厚さの関係を，伴って変わる2つの数量としてとらえ，依存関係に着目して2つの数量の関係を表に表し，そこにあるきまりを見付け出すことで，見通しを持って数理的に処理することのよさを実感する。

　また，日常生活の中から比例の関係にある事象を見付け出したり，比例の関係を用いて効率よく問題を解決したりして，比例の関係を積極的に生かす態度を育てる。

---

❶ どんな問題かな。

> （3つの紙の束を示して）
> ここに紙の束があります。時間をかけずに枚数を調べるには，どうしたらいいでしょう。

　Aグループ，Bグループ，Cグループの3つのグループに，それぞれ紙の束(200枚，400枚，600枚)を渡す。

C1：こんなにたくさんあると，1枚1枚数えたら時間がかかるぞ。何かよい方法はないかな？

❷ 見通しを立てる。

あ　枚数と重さの関係

C2：紙1枚の重さはどれも同じだから，紙の枚数が増えるほど重くなるよ。重さを手がかりにすればだいたいの枚数が分かるんじゃないかな。

C3：はかりが必要だね。

い　枚数と厚さの関係

C4：紙1枚の厚さはどれも同じだから，紙の枚数が増えるほど厚くなるよ。厚さを手がかりにすればだいたいの枚数が分かるんじゃないかな。

C5：ものさしが必要だね。

> 重さや厚さを手がかりにして紙の枚数を求めるのですね。では，実際にやってみましょう。

準備
・紙の束(ここでは200枚，400枚，600枚の3種)
・はかり(2kg秤)
・ものさし
・ワークシート

◀ワークシートを配る。

ポイント
　授業の前に枚数を確認しておく。積み重ねた紙の束は，わずかなゴミや空気で重さや厚さに誤差が生じるので，あらかじめ誤差について児童に説明しておく。

ポイント
　枚数が多すぎて時間をかけずに数えることが大変だと実感させることで，1枚1枚数えなくても枚数を調べる方法がないかを考えさせる。
　解決の見通しが立たない場合には，「紙の枚数が増えると何が変わっていくだろうか？」と問いかけ，重さや厚さが枚数と関係ありそうだと予想できるようにする。

▶ **この活動の流れ（1時間扱い）**

比例の導入である。本時では、比例の関係を体験し、定義付けは次時以降とする。単元の最後に改めて、同様の問題解決を扱うこともできる。

❶ どんな問題かな。（5分）
❷ 見通しを立てる。（13分）
❸ 友達と相談しながら問題を解こう。（20分）
❹ 学習をまとめよう。（7分）

※「枚数と重さ」，「枚数と厚さ」に分けて2時間扱いとしてもよい。
※個人でなく，小集団で意見交換をしながら授業することを想定している。本時では3グループである。子どもの実態に合わせて複数グループを組んでほしい。
※積み重ねた紙の束の枚数だけを求めるなら，単位量当たりの大きさや比の考えなどを使ってすぐに解ける。しかし，ここでは比例の考えに結びつけたいので，伴って変わる2つの数量を表に表し，どのような関係にあるかを見付けることを大切にしたい。

---

❸ 友達と相談しながら問題を解こう。

> 紙の枚数と重さや厚さの関係を調べながら、紙の束の枚数を求めてみましょう。

あ　枚数と重さの関係

C6： 紙1枚の重さと比べて，紙の束の重さは何倍かを調べれば枚数が分かるよ。

C7： 1枚だと重さがはっきりしないし，誤差も出やすくなりそうだよ。10枚のときの重さが30gというのをもとにしてみようよ。

C8： はかりで量ったら1200gだったから，この紙の束は400枚だ。

　　　1200÷30＝40
　　　10×40＝400　　　（Bグループ）

（同様に他のグループも行う。）

> それぞれのグループの紙の束の重さと枚数の関係を表にしてみましょう。

紙の枚数と重さ

	Aグループ	Bグループ	Cグループ
枚数（枚）	200	400	600
重さ（g）	600	1200	1800

○10枚のときの重さが30gであることをもとにして

ⓘ　枚数と厚さの関係

C9： 紙1枚の厚さと比べて，紙の束の厚さは何倍かを調べれば枚数が分かるよ。

ポイント

これまでに学習した単位量当たりの大きさや倍の考え、比の考えを使って、求めたい紙の束の枚数を計算で導くことができる。
しかし、ここでは2つの数量が伴って変わる関係であることを確認し、比例の考えに結びつけたいので、既習事項を生かして2つの数量の関係を表に表すことを大切にしたい。

ポイント

10枚のときの重さが30gであることは提示してよい。

ポイント

表にまとめるときは、2つの数量の関係が分かりやすいように、200枚→400枚→600枚のように並べるとよい。

C10：1枚だと厚さは測れないよ，厚さ1mmのときの枚数が10枚というのをもとにしてみようよ。

C11：厚さを測ったら60mmだったから，この紙の束は600枚だ。
　　　　　10×60＝600　　（Cグループ）

（同様に他のグループも行う。）

ポイント
厚さ1mmのときの枚数が10枚であることは提示してよい。

> それぞれのグループの紙の束の厚さと枚数の関係を表にしてみましょう。

紙の枚数と厚さ

	Aグループ	Bグループ	Cグループ
枚数（枚）	200	400	600
厚さ（mm）	20	40	60

○厚さ1mmのときの枚数が10枚であることをもとにして

> 表を見て何か気が付くことはありますか？

C12：枚数が2倍，3倍になると，重さも2倍，3倍になっているよ。

C13：厚さも同じことが言えるよ。枚数が2倍，3倍になると，厚さも2倍，3倍になっているよ。

C14：重さを3で割ると枚数になるよ。

C15：厚さに10をかけると枚数になるよ。

ポイント
表を見て2つの数量の関係を見付けることを大切にしたい。
表を横に見ると倍の関係が，縦に見ると比の関係が表れている。
また，1枚あたり□gと見ると単位量当たりの考えも生かせる。

❹　学習をまとめよう。

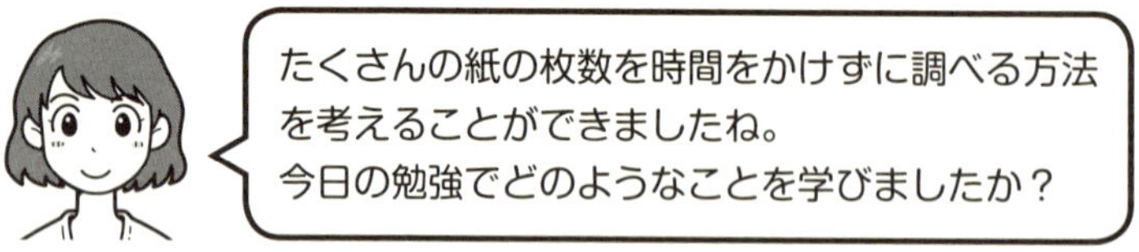

> たくさんの紙の枚数を時間をかけずに調べる方法を考えることができましたね。
> 今日の勉強でどのようなことを学びましたか？

C16：たくさんの紙があって，はじめは数えるのは無理だと思ったけれど，重さや厚さと関係があることに気付いて，置き換えて考えると解けることが分かりました。

C17：表を見ると関係がよく分かるね。この関係を使えば，どんなにたくさんの紙の束でも枚数を数えなくても分かっちゃうね。

C18：例えば，重さが6000gだったら，600gの10倍だから，600gのときの枚数の200枚も10倍して，2000枚だね。

ポイント
学習を生かし，比例の関係を用いて効率よく問題を解決できることを知る。

そうですね。枚数そのものを数えなくても、関係のあるもの、今回は重さや厚さでしたが、そうしたものとの関係を調べることで、枚数を知ることができましたね。
他にも、片方が2倍、3倍、…になるとき、もう片方も2倍、3倍、…になる関係のものはありますか？

C19：お風呂にお水を入れるときの時間とかさ。
C20：車の走った時間と距離。
C21：1円玉の重さと枚数。

身の回りには、このような関係のものがたくさんありそうですね。うまく活用して、役立てるようにしましょう。

ポイント

比例が生かせる日常の場面を想起させる。

一定距離を走った時間と時速や一定面積の長方形の縦と横の長さなど、片方が2倍、3倍、…になるとき、もう片方は$\frac{1}{2}$倍、$\frac{1}{3}$倍…になる関係（反比例）は、今後学習していくことを伝える。

比例関係でないものが発表されたときは、片方が2倍、3倍、…になるとき、もう片方も2倍、3倍、…になっているかを考えさせる。

◆ 板書例

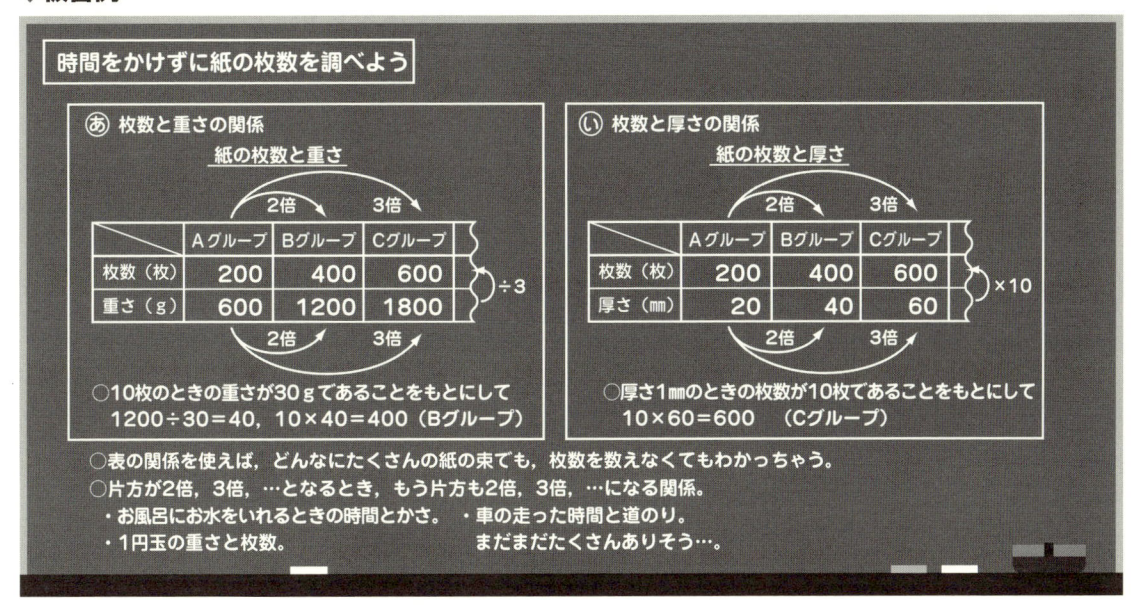

```
時間をかけずに紙の枚数を調べよう
```

あ 枚数と重さの関係

紙の枚数と重さ

	Aグループ	Bグループ	Cグループ
枚数（枚）	200	400	600
重さ（g）	600	1200	1800

（2倍、3倍 → ÷3）

○10枚のときの重さが30gであることをもとにして
1200÷30＝40、10×40＝400（Bグループ）

い 枚数と厚さの関係

紙の枚数と厚さ

	Aグループ	Bグループ	Cグループ
枚数（枚）	200	400	600
厚さ（mm）	20	40	60

（2倍、3倍 → ×10）

○厚さ1mmのときの枚数が10枚であることをもとにして
10×60＝600 （Cグループ）

○表の関係を使えば、どんなにたくさんの紙の束でも、枚数を数えなくてもわかっちゃう。
○片方が2倍、3倍、…となるとき、もう片方も2倍、3倍、…になる関係。
・お風呂にお水をいれるときの時間とかさ。　・車の走った時間と道のり。
・1円玉の重さと枚数。　　　　　　　　　まだまだたくさんありそう…。

ワークシート　算数　6年エ　比例

名前 _____

紙の枚数と _____

	グループ	グループ	グループ	グループ
（　　）				
（　　）				

【編者紹介】

坪田　耕三（つぼた・こうぞう）

　　1947年，東京都生まれ。筑波大学教授。早稲田大学非常勤講師。
　　前全国算数授業研究会会長，日本数学教育学会幹事，
　　ハンズオン・マス研究会代表。
　　前学習指導要領作成協力者，教科書「小学算数」（教育出版）著者。

【執筆者一覧】

坪田　耕三	筑波大学教授
大澤　隆之	学習院初等科教諭
笠井　健一	元 山形大学地域教育文化学部講師
盛山　隆雄	筑波大学附属小学校教諭
守屋　大貴	東京都目黒区立東山小学校教諭
鈴木　　純	学習院初等科教諭
石川　大輔	東京都目黒区立中根小学校教諭
奥山　貴規	立教小学校教諭
北原美和子	白百合学園小学校教諭
小林　　徹	埼玉県滑川町立宮前小学校教諭
高橋　丈夫	東京学芸大学附属小金井小学校教諭
野中　太一	神奈川県相模原市立川尻小学校教諭

明日からの授業実践 学習指導要領の新項目 算数的活動29
ⒸKozo Tsubota

平成21年10月15日　第一版第一刷発行

編　著	坪田　耕三
発行者	長谷川知彦
発行所	株式会社 光文書院
	〒102-0076　東京都千代田区五番町14
	電話　03-3262-3271(代)
	http://www.kobun.co.jp/
デザイン	株式会社 象形社
カバーイラスト	あさいとおる
本文イラスト	㈲熊アート
編集協力	タクトシステム株式会社

2009　Printed in Japan　ISBN978-4-7706-1045-4 C3037
＊落丁・乱丁本は，送料小社負担にてお取り替えいたします。